Yoshiharu HIROSHIGE
広重佳治

心理学入門

生物・個人・社会を融合する
こころの科学

福村出版

JCOPY 〈出版者著作権管理機構　委託出版物〉

本書の無断複写は著作権法上での例外を除き禁じられています。複写される場合は，そのつど事前に，出版者著作権管理機構（電話 03-5244-5088，FAX 03-5244-5089，e-mail: info@jcopy.or.jp）の許諾を得てください。

はじめに

　人間は自ら思考し判断する意思と喜怒哀楽の感情をもつ自立した個人であるとする認識は，21世紀の今日では当然のことであろう。しかし，そうした個人の認識の共有には人類の発生から21世紀に至るまでの社会の歴史的な発展を必要とした。たとえば，原始共同体では血縁関係の下で暮らし，産業化社会では賃金労働者として働き，ナショナリズムの国家では国民として活動し，市民社会では自由平等に生きる権利の主体者となる。19世紀後半に誕生した現代の心理学は個人という人間観に立脚して，それが明示的であれ黙示的であれ，内的世界の「こころ」の機序を客観的に説明する個別科学として歩み続けている。

　「こころ」を鏡にたとえると，外界をありのままに受動的に映す物理的な鏡に対し，「こころ」は主体の外界への直接な働きかけ，あるいは他者の間接的な働きかけをとおして対象の像を能動的に結ぶ鏡であろう。「こころ」は2つの像を結ぶ。1つは，錯視・錯覚をはじめ，洞察，喜怒哀楽，認知枠，偏見，同調，自我防衛，忘却，ストレスなどの主観的な反映である。もう1つは，外界を客観的な論理で映す科学的な反映である。主観性と科学性を併せ持つアンビバレントな「こころ」，その特徴と発生機序への独創的なアプローチが現代心理学の課題であろう。

　本書は次のような特徴がある。心理学が成立する蓋然性を人類の労働と生産様式の変遷および心理学史の視点から考察し，「こころ」の発生の物質的な基礎を理解する一助として脳活動に関する生理学の基礎知識を各章で提示した。「こころ」の機能の統合的な理解のために，感覚と知覚，認知と記憶，言語と思考のようにキーワードの対で章を構成し，発達と発達障害の章を新たに加え

た。また，基礎素養として心理統計の初歩的知識（附章）を提供した。

　次に紹介する社会心理学者オールポートの『ジェニーからの手紙：心理学は彼女をどう解釈するか』（Allport, 1982）の一節は，事象の特殊性と一般性の関連を問うものとして一考に値するであろう。

　「心理学においても，事象の等質性を説明するという主たる仕事に着手するためには，個人は無視してもよいものとして扱われている。その結果『一般化された人間の心』といういささかぼんやりしたポートレートをつくることに熱中している心理学者をいろいろな方面でみることができる。しかしそこに描かれたものは，ある目的にはかなうが，これをそのモデルである生きている個人と較べようとする者にとってはまったく満足がいくというものではないのである。」

　福山市立大学教育学部准教授の平野普吾氏には貴重な時間を割いていただき，全章の推敲をお願いした。説明不足や思わぬミスなど丁寧なご指摘をいただき，整合性のとれた簡潔な記述に仕上げることができた。篤くお礼を申し上げる。掲載内容に不手際がある場合はすべて著者の責任である。

　最後に，本書の出版に際して，福村出版には特に企画を快諾していただいた佐野尚史氏並びに編集の労をおかけした松元美恵氏に終始お世話をいただいた。記してお礼を申し上げる。

著者記す

2025 年 1 月吉日

目次

はじめに —————————————————————————————————— 3

1章　個人の心性の理解のために

1. 人類の進化と個人の出現 ——————————————————————— 12
2. 「こころ」とは何か ————————————————————————————— 15
3. 「こころ」にアプローチする現代心理学の視点 ——————————— 17

2章　現代心理学小史

1. 「心理学の過去は長いが，歴史は短い」 ————————————————— 19
2. 「こころ」の心身論 ————————————————————————————— 19
3. 「こころ」の心理学的モデル ————————————————————— 20
4. 現代心理学の潮流 ————————————————————————————— 21
　　コラム ● 研究倫理 ——————————————————————————— 29
　　コラム ● 心理学の語源 ——————————————————————— 29

3章　脳──「こころ」の生物的基礎

1. 大脳の形成 ————————————————————————————————— 30
2. 大脳半球の構造 ————————————————————————————— 31
3. ニューロンとグリア細胞 ——————————————————————— 32
4. 神経系の構成と機能 ————————————————————————— 35
5. 中枢神経系の機能 ————————————————————————————— 36
　　コラム ● 神経の語源 ——————————————————————— 39
　　コラム ● 神経神話 ————————————————————————— 39

5

4章 感覚と知覚

1. 外的環境の分析と総合 ……………………………………………… 40
2. 感覚モダリティへの変換 ……………………………………………… 40
3. 感度への変換 ………………………………………………………… 41
4. 知覚への変換 ………………………………………………………… 43
5. 発達による変換 ……………………………………………………… 46
6. 視知覚の神経生理学的基礎 ………………………………………… 49
7. 注意の神経生理学的機序 …………………………………………… 52
　　コラム ● カラーユニバーサルデザイン（CUD）………………… 53

5章 認知と記憶

1. 認知 …………………………………………………………………… 54
2. スキーマ ……………………………………………………………… 55
3. 認知症と健忘 ………………………………………………………… 57
4. 記憶と忘却 …………………………………………………………… 59
5. 記憶の分類 …………………………………………………………… 60
6. 記憶の貯蔵庫モデル ………………………………………………… 62
7. 記憶の改善とメタ記憶 ……………………………………………… 64
8. 記憶と認知の神経生理学的機序 …………………………………… 66
　　コラム ● 記憶の固定化に睡眠が大切 ……………………………… 69

6章 行動と学習

1. 行動 …………………………………………………………………… 70
2. 行動科学としての心理学 …………………………………………… 72

3.	刺激-反応モデル（S-Rモデル）	73
4.	刺激-生体-反応モデル（S-O-Rモデル）	75
5.	人間の学習	80
6.	随意運動の神経生理学的機序	84
7.	学習の神経生理学的機序	85
	コラム ● 行動主義心理学の環境主義	86
	コラム ● 観察行動とミラー細胞	86

7章　欲求と動機づけ

1.	欲求	87
2.	欲求不満と自我防衛	89
3.	欲求の階層構造	90
4.	性欲と愛	91
5.	動機づけ	92
6.	食事行動の動機づけ	95
7.	空腹を満たす摂食行動の神経生理学的機序	96
8.	動機づけの神経生理学的機序	97
	コラム ● ハエ博士の鉄三	98

8章　情動と感情

1.	情動と感情	99
2.	情動の機能	99
3.	音声と顔の表情	100
4.	隠れた情動	101
5.	共感と共鳴	102
6.	不安と恐怖	102

7. 喜びと幸せ	103
8. 情動の心理学的モデル	104
9. 情動の神経生理学的モデル	107
コラム ● チャールズ・ダーウィンの表情研究	112

9章 ストレスと睡眠

1. ストレスとストレッサー	113
2. 心的ストレス	115
3. 生理的ストレス	120
4. 最適なストレス水準	121
5. 覚醒と睡眠	122
6. 不眠	123
7. サーカディアンリズム	124
8. 覚醒の神経生理学的機序	125
9. 睡眠の神経生理学的機序	125
コラム ● ゲーム障害	128

10章 言語と思考

1. コトバの表象と意味	129
2. コトバの発生と話し聞くコトバの連鎖	130
3. ひとりごとと内言	131
4. コトバの神経学的機序	133
5. 大脳半球の機能差と可塑性	134
6. 第二信号系	135
7. 思考の様式と方略	136
8. 思考の創造性とバイアス	137

8

コラム ● 母語は国語か方言か ―――――――――――――― 139

コラム ● 話しコトバの面白さ ――――――――――――― 139

思考の道筋を楽しむコーナー ――――――――――――――――― 140

11章 「こころ」の発達と発達障害

1. 発達と成熟 ――――――――――――――――――――――― 141

2. 初期経験 ―――――――――――――――――――――――― 142

3. レディネス（学習準備性）―――――――――――――――――― 143

4. 生涯発達と発達課題 ――――――――――――――――――― 144

5. 発達の危機 ――――――――――――――――――――――― 145

6. コトバの発達 ―――――――――――――――――――――― 147

7. 思考の発達 ――――――――――――――――――――――― 148

8. 発達障害と発達検査 ――――――――――――――――――― 149

コラム ● 少子高齢化社会：わが国の子ども人口は過去最少 ――― 153

コラム ● 野生児 ――――――――――――――――――――― 153

12章 社会と個人

1. 集団と準拠集団 ――――――――――――――――――――― 154

2. 役割性格と葛藤 ――――――――――――――――――――― 155

3. 性役割とジェンダー ――――――――――――――――――― 155

4. リーダーシップ ――――――――――――――――――――― 156

5. 同調行動 ―――――――――――――――――――――――― 159

6. 集団の心理的構造 ―――――――――――――――――――― 160

7. 対人関係の認知と仲間意識 ―――――――――――――――― 161

8. 態度の変容と認知的不協和 ―――――――――――――――― 163

9. サル社会の地位と大脳の扁桃体 ———————————————————— 165

　　コラム ● ジェンダー格差指数（GGGI） —————————————————— 166

　　コラム ● 同調行動を正す心理：「真実は一人から始まる」————————— 166

13章　性格と個人差

1. 性格とパーソナリティ ———————————————————————— 167

2. 個人差方程式 ———————————————————————————— 168

3. 双生児研究 ————————————————————————————— 168

4. 性格論 —————————————————————————————— 169

5. 性格検査 ————————————————————————————— 175

　　コラム ● 性格と血液型 —————————————————————— 179

附章　心理統計への誘い

1. 「こころ」を測る ——————————————————————————— 180

2. 代表値 —————————————————————————————— 181

3. 分散と標準偏差 ——————————————————————————— 182

4. 相関と回帰直線 ——————————————————————————— 183

5. 検定と二項分布 ——————————————————————————— 185

6. t検定：2つの平均の有意差検定 ————————————————————— 187

7. 度数分析：カイ二乗（χ^2）————————————————————————— 188

8. 度数分析：オッズ比 ————————————————————————— 189

思考の道筋を楽しむコーナー　解答編 ————————————————— 191

目次

引用文献・参考文献 —————————————————————— 194

人名索引 ———————————————————————————————— 203

事項索引 ———————————————————————————————— 206

1章

個人の心性の理解のために

　人間はなぜそのように感じ，考え，語り，振る舞うのか。そうした問いかけから心理学の学習は始まる。その問いかけは理由や背景を尋ねる「なぜ（why）」であり，またプロセスを問う「どのように（how）」でもある。いずれも，人間の「こころ」の理解に近づく大切な問いかけである。本章は，現代心理学の学習の入り口に立つウオーミングアップである。人間の精神活動の発生を人類の進化と個人の意識の発生から考察し，個人の「こころ」にアプローチする現代心理学が成立する蓋然性について考察する。

I. 人類の進化と個人の出現

人類の登場と「わたし」

　地球上に人類が登場したのは，およそ 200 万年前の猿人のホモハピルスに始まり，その後，100 万年以上をかけて原人のホモクレトス，旧人のネアンデルターレンシス（ネアンデルタール人）を経て，現代人の祖先とされる現生人類ホモサピエンスに至る，およそ 20 万年前である。ペーボ博士（Pääbo, S.）のゲノム解析の研究「絶滅した人類のゲノムと人類の進化に関する発見」（2022 年ノーベル生理学・医学賞）により，アフリカから進出した現生人類ホモサピエンスはユーラシア大陸を経て全世界に広がり，大陸の西側でネアンデルタール人と，東側でデニソワ人と混血し，その遺伝子が現在でも残っていること（1% ～ 6%）が判明した。ホモサピエンスは，ユーラシア大陸の途中で少なく

I章　個人の心性の理解のために

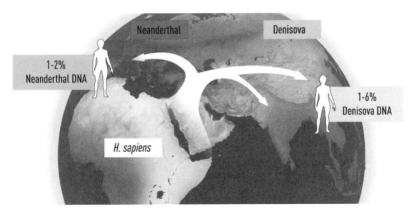

図 1-1　ホモサピエンスの登場と混血（Pääbo, 2022）
H. sapiens：ホモサピエンス（アフリカにその起源をもつ現生人類，「賢い人」の意味），Neanderthal：ネアンデルタール人（ドイツのネアンデルタール谷で骨片を発見），Denisova：デニソワ人（南シベリアのデニソワ洞窟で女性の指の骨を発見）。
2022年にノーベル生理学・医学賞を受賞した，スヴァンテ・ペーボ博士のゲノム解析の研究「絶滅した人類のゲノムと人類の進化に関する発見」より。

とも2万年間は混血していた可能性がある。（図1-1）

　「わたし」という自我意識をもつあなたのルーツは，20万年前にまで遡ることになろう。「わたし」のルーツを両親，その両親（祖父母），そのまた両親（曽祖父母）と順々に遡ってゆくと2のべき乗で果てしなく広がる。そうしたルーツの分岐樹を現在に向かって逆にたどると，「わたし」の先祖は幾多の地震・洪水・大火などの自然災害をくぐり抜け，病魔や感染症に耐え，戦乱や経済的混乱を生き抜き，幸い伴侶に出会って血筋は途切れることなく現在のあなたの「わたし」にたどり着く。あなたはかけがえのない生命であり奇跡的な存在である。

労働と個人

　人類は遺伝情報が自然淘汰される進化の過程で，体内の細胞の新陳代謝を基礎に個を維持し種を保存してきた。個の水準の新陳代謝は，地球上のさまざまな物質から栄養物を吸収・同化し，体内の不要なものを排泄する営みである。

それは地球と人類の間で繰り返される物質の循環あるいは物質交換である。人類はそうした物質交換のために，道具を製作し使用して外的世界に目的意識的に働きかけ，それによって資源や食糧を得る共同作業，つまり労働を営んできた。労働は人類の生物学的な制約を最大限に利用し，かつ克服した行為であり，人類に直立歩行，手の使用，言語能力という他の動物にはない特質と，地球の自然についての知識を獲得させた。エンゲルスの『猿が人間化するにあたっての労働の役割』（Engels, 1896）が語るように，労働は人間が互いの意思疎通を図る必要から話し聞くコトバを獲得する強力なモーメントになったと考えられる。コトバの使用で人間は自己を知り，自我意思を形成する個人となる。労働により個人は遺伝的制約から解放され，高次の精神活動を営む人間へと進化する。

　労働の発生は，人間と地球の物質交換を計画的，組織的な資源の収集・加工・貯蔵・配分という生産方式へ変化させる歴史の始まりであった。人間の労働と生産は狩猟と牧畜・農耕から紡績，陶磁器，金属加工などの商工業そして重工業へと移行し，その過程で芸術や学術が生まれた。人間の労働と生産は18世紀後半のイギリスに始まる第一次産業革命から，20世紀後半の第四次産業革命に至る間に資本主義経済の社会を形成してきた。

　利潤の獲得と分配を目的とする資本主義経済は，労働の機械化と細分化によって生産の能率と効率を追究し，貨幣価値で労働を商品化し，個人を序列化する社会を生み出してきた。平等な存在として生まれた「わたし」という個人は，富める者と貧しき者，生存の自由が享受できる者とできない者，生物的な男と女に分断される。特に女性は，彼女らがおもに担ってきた家事・育児・介護が経済的価値のない無償のケア労働とみなされ，自我意識の矛盾が深刻となる。資本主義経済は，エネルギー資源の争奪と植民地的市場の拡大を地球規模で展開する過程で世界大戦という重大な誤りを2度も犯し（1914〜1918年の第一次世界大戦で死者1600万人，1939年〜1945年の第二次世界で死者5500万人），化石エネルギーや資源の大量生産・大量消費のなかで大気・河川・海洋を汚染し，人類と生物の生命を危険に曝している。

I章　個人の心性の理解のために

個人と科学

　現代は平和と自由，独立と平等，労働と疎外，人権と差別，富と貧困，共生と排斥についての思想や思索が深化し，人間をそれ以上に切り離すことが許されない生物的・社会的単位として，個人を尊重する認識が共有されつつある。大量生産と大量消費の経済活動そして戦争に直接あるいは間接に加担した学術と科学技術は，研究至上主義を反省し，平和と生命の尊厳への寄与を第一義とする科学者の行動規範と研究倫理を自覚し，個人の生命と人間性の尊厳に立脚した個別科学として再生しつつある。人間を直接の対象とする心理学，教育学，医学もその例外ではない。

2.「こころ」とは何か

こころと肉体

　「こころ」とは何か，それは心理学の根本的テーマである。「こころ」と肉体の関係（心身論）の点からこの問題を考えてみる。肉体は霊魂が一時的に宿る仮の宿であり，肉体が死滅すると魂は肉体から遊離して昇天するという霊魂と肉体を別物とする考え方は，科学の時代といわれる現代でも生きている。たとえば，死者の霊を弔い鎮める葬儀・供養・墓参りがその一例である。そうした宗教的行為は，現実の厳しい生活の苦しみや避けがたい死の無情から生まれた精神文化である。「こころ」と肉体をそれぞれ異なる実体ととらえる心身二元論は，時代により姿を変え，さまざまな装いで現れ続けている。心身の統一的で合理的な理解は，現代心理学が科学となるための試金石である。

　「こころ」の所在を身体に求める問いに，一昔前であれば胸を指さす人も少なくなかったかもしれない。心臓に「こころ」が宿るという考え，それは古代ギリシャ時代のアリストテレス（Aristoteles）にまで遡るとされる。しかし，心臓はハーベーの血液循環説（Harvey, W., 1628）が，「血液は心臓から出ると動脈経由で身体の各部を経て静脈経由で再び心臓へ戻る」と科学的に証明したように，血液を運ぶポンプである。にもかかわらず，現代でも「胸を張る」

15

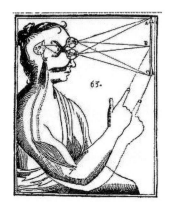

図1-2 デカルトの反射論

「胸騒ぎがする」「胸を熱くする」という表現が日常的に使われ、「こころ」のありようが語られている。

脳は「こころ」の生物的基礎（基体）であるとする考え方は古くからあるが、現代の理解とはかなり異なる。たとえば脳内部に4つの脳室がある。それは脳髄液の分泌と循環を営む器官であるが、かつては意識や精神を操る霊気が蓄えられ、神経を介して作用するという霊気説が、ローマ時代から長く信じられていた。17世紀半ばに、脳の機能を当時の光学と解剖学の知識に基づいて反射であると考えたデカルト（Descartes, R.）も霊気説から抜け出せず、霊気が神経管を走ると想定した（図1-2）。

その後の神経解剖学と神経生理学の進歩の過程で、霊気説は根拠のない考えとして否定された。現代の脳科学の進歩は、脳が精神活動に関与する臓器であることを示す証拠を数多く蓄積している。たとえば、脳の損傷に伴って認知機能の失調（記憶障害）が生じ、重篤な場合には人格が変容する、精神活動の種類や内容に対応して脳の異なる領域が活性化する（血流量の増加）などの事実が確認されている。これらは「こころ」と脳の活動との密接な関係を示唆している。では、「こころ」は脳から湧き出るという還元論で結論づけてよいのであろうか。次に述べる経験論を考慮するならば、「こころ」は社会と脳の相互作用の過程で醸成される反映としてとらえる認識が必要になるであろう。

社会的文脈との相互作用

17世紀のイギリスの哲学者ロック（Locke, J., 1689）は著書『人間悟性論』において、生まれたばかりの子どもの「こころ」は何も書かれていない白い板の「タブラ・ラーサ（tabula rasa）」であるが、その白い板は生後の周囲の大切な人々との交流をとおして、さまざまな観念が書き込まれ、連合し、内容豊かな

ものになると経験論を説いた。人格，知性，感情，意志などの「こころ」は，生物学的な身体（内部環境）をもつ個人と，それを取り巻く外的環境（自然，社会文化，家族）との相互作用のなかで成立するという事実，「こころ」は誕生当初から完成したものでも予定されたものではなく，長い時間をかけて形成され発達してゆくことを示唆している。そうした経験論を支持する事実の1つが，母語の形成である。子どもは言語一般を操作する脳機構を遺伝的に備えて生まれる，その意味で「湧き出る」かもしれないが，どの言語がその個人の母語（幼児期に自然に習得する最初のコトバ）になるのかは生後の社会文化的環境に依存する。「こころ」は遺伝的な制約と社会文化的な働きかけとの相互作用の産物として考察されてよいであろう。

3.「こころ」にアプローチする現代心理学の視点

　現代心理学は，哲学的思索から独立した個別科学として進む過程において，どのように「こころ」にアプローチするのかとの問いにいくつかの視点を提示している。その第一の視点は，個人が直接体験している意識が「こころ」であり，言語を介した内省報告によって了解され，知覚，認知，記憶，思考，欲求，情動，ストレス，睡眠，自己意識などの概念で表現される。第二の視点は適応行動の形成を「こころ」の現れと考える。人は周囲の社会環境あるいは自然環境に適応して生きるために多種多様な動作，技能，習慣的行為を習得（学習）する必要がある。第三の視点は，情報処理過程として「こころ」を理解する。それは外界の不断に作用する物理化学的なエネルギー情報，あるいは人間同士のコミュニケーション情報を，感覚・知覚や記憶という主観的な情報（心像）に変換する過程である。第四の視点は，個性あるいはその人らしさを表す性格（パーソナリティ）を「こころ」としてとらえ，多様な個人差をいくつかの代表的な類型に集約する。第五の視点は，力動的な自己像を「こころ」とみなし，よりよい自己と健全な生き方を求め苦悩する個人の存在を重視する。これらはそれぞれ特色ある心理学的モデル（仮説）を提起している。

食事の心理過程

　ここで気分を変え，日常生活のなかで最も基本的な活動である食事行動について心理学的に考察してみよう。人間の食事行動は，個人の水準では食べ物と脳という2つの物質過程の相互作用であり，社会水準では1次，2次，3次産業（農林水産，加工，流通・調理）の労働によって支えられている。今，あなたが数人の友人と連れだって，馴染みの食堂に出かけているとする。「お腹が空いた」と言いながら食堂に入り，テーブルにつく。メニューから好みの料理を注文する。しばらく歓談していると注文した料理が配膳され，料理の盛り付けや色合いなどを見た友人が「おいしそう」と顔がほころぶ。箸で一口食べた瞬間，あなたは口いっぱいに広がる味わいと香りに包まれる。友人らと談笑を交えながら食事が進む。空腹を満たし快い満足感に浸りながら席を立ち，レジに向かう。

　食事の場面を分析してみよう。食事前の空腹感，それは身体内部の血糖値の低下を検出した脳活動の心理的な知覚（反映）である。食事行動は，栄養摂取とエネルギー補給によって血糖値を回復させる神経生理学的な仕組みがその基礎にあり，同時に友人と楽しく食事をしたいという社会的な動機も作用している。友人の顔認知と会話，馴染みの食堂の特定，メニューの判読などが正しくできるのは記憶情報のお陰である。食事中は料理を見る，嗅ぐ，味わう，触るなどの視覚・嗅覚・味覚・皮膚感覚などの感覚が働く。また，一定の姿勢を維持して椅子に座り続け，手指と腕の運動を制御しながら，箸や皿や碗などを巧みに使って食べ物を口に運ぶ。咀嚼運動とコトバの発声や顔の表情を調整しながら，友人とのコミュニケーションを愉しみ，互いに感じ合う交感的機能が亢進する。友人との食事は，満足感に彩られた一日のエピソードとして記憶される。食事行動は五感，運動，記憶，感情の調節を動員した総合的な心理活動の産物である。

設問　心身二元論について討議しよう。

2章

現代心理学小史

1.「心理学の過去は長いが，歴史は短い」

　「こころ」の認識は古くから哲学や文学の対象となっているが，19世紀の心理学者エビングハウス（Ebbinghaus, H.）が「心理学の過去は長いが，歴史は短い」と端的に表現しているとおり，「こころ」が実証的な科学の対象となった期間はわずかである。心理学は19世紀後半に個別科学として登場して150年余り，若く未成熟な学問である。一般に個別科学はそれぞれ固有の歩み，発展史がある。心理学の歴史は，語るにはあまりにも短いが，現代の姿となるまでにはそれなりの歩みがある。その成り立ちを知ることは，現代心理学の理解の助けとなるであろう。本章は心理学の発展史の一端を概説する。

2.「こころ」の心身論

　「こころ」のあり方を巡っては，心身二元論と一元論，あるいは先験論と経験論という哲学的な議論がある。心身二元論（平行論）は「こころ」（自己意識）と肉体をそれぞれ独立した存在であり，互いに交流することのない2つの実体とみる。一元論は「こころ」を唯一の実体（神あるいは脳）に還元し，心身の区別は貨幣の裏表のように同一の実体の側面にすぎないと考える。先見論は，生まれながらに備わっている「こころ」（観念）が予定に従って必要な時

期に発生するとみる。経験論は，外界的世界と人間の相互作用により「こころ」（観念）が形成されるとみる。デカルト（Descartes, R.）の命題「我思う故に我あり」は，自己を含む世界のすべてを虚偽として疑う我自身の存在を確実で疑えないものであるとし，「こころ」のあり方と外的事象を区別する二元論を説く。一方，ロック（Locke, J.）はその著書『人間悟性論』（1689）において，生まれたばかりの人間の「こころ」は白紙の状態「タブラ・ラーサ（白い板）」で空虚な暗室であるが，外的世界の感覚と内的な反省を介してあらゆる観念の連合が獲得されるという経験論を説く（今田，1962）。

　現代心理学は，こうした哲学的な認識を実証的に検討する学問とみることができる。それは後述する知覚のゲシュタルト，発達段階，言語活動，情動・感情あるいは精神活動の対件とされる脳機構の知見が，先験論と経験論あるいは二元論と一元論のいずれの観点から「こころ」に接近しているのかと問い直すことである。一方で，「こころ」はそれぞれ独自の運動法則をもつ外的環境と脳（反射）という2つの物質過程の相互作用の産物であり，その反映様式であるという認識（ルビンシュテインの『存在と意識』；Рубинштейн, 1957）の実証にどこまで成功しているのかと問うことである。

3.「こころ」の心理学的モデル

　現代心理学は，個人が外的環境に働きかける場面で体験する総体としての「こころ」を感覚・知覚，記憶，学習，思考，情動，性格，集団，発達の諸機能の点から実証的に分析し考察する。しかし，心理学の機能概念は生理学の機能とは異なる。生理学の機能は，身体を構成する実在の器官（循環，呼吸，消化，排泄，生殖，内分泌，感覚，骨格，筋肉，神経）が本来備えている働きである。これに対して，「こころ」の機能は直接対応する物質的実体（器官）が定かでない。現代心理学はこの実体のない「こころ」の機能を，外的環境と行動の関係から，あるいは行動と脳の関係から構成される概念としてとらえ，さまざまな仮説（モデル）を提示している。

4. 現代心理学の潮流

　心理学は19世紀後半に統一国家となったドイツにおいて，独立した個別科学として誕生した。続く20世紀では，挑戦的な「こころ」のモデルを提供する多様な学派あるいは潮流が相継いで登場し，切磋琢磨をとおして現代心理学の多彩な分野を形成する基礎を築いた（図2-1）。ここでは代表的な学派と分野について概説する（今田，1962；広重，1982）。

ヴントの実験心理学

　現代心理学の父と呼ばれるヴント（Wundt, W. M.）は，1879年，ドイツのライプチッヒ大学に世界最初の心理学実験室を開設した。それは心理学が思弁的な哲学から独立を宣言し，実証科学に向けて踏み出す第一歩であった。当時は，色覚や聴覚の感覚機能を末梢の感覚受容器の構造から説明する感覚生理学が盛んな時代で，色を識別する視覚の三原色説や音の高低差を聞き分ける聴覚のピアノ説が提唱されていた。しかし，ヴントの心理学は個人が直接経験する意識を主要な対象とし，感覚の弁別閾（刺激量の変化を検知する感度）を測る測定法を整理したフェヒナー（Fechner, G. T.）の精神物理学を方法論的な基礎とした。意識は純粋感覚と単一感情（快－不快，興奮－沈静，緊張－弛緩）の要素から構成されると仮定し，自己観察と言語報告に基づく内観法を用いて，要素の結合様式（連合と統覚）を追究した。特定の刺激作用に対して，常に一定の言語報告が得られるように厳密な実験法を考案した。たとえば，光の明るさや音の強さを一定方向に変化させたときに体験される心理的緊張（感覚，感情）の規則性を調べた。そうした実験的方法および心理的なものと感覚生理的なものとの体系化を著作『生理学的心理学概要』（1873～1874）で試みた。

　感覚要素の総合と融合から高次の複雑な心的過程の説明を試みたヴントの心理学は，あたかもレンガを寄せ集めて家が建つような要素主義であった。その考え方は，今日の知能検査や性格検査に受け継がれている。ヴントの実験室に

は諸外国から若い気鋭の心理学徒が集まったが，その要素主義と意識主義に反旗を翻す諸潮流が相継いで誕生した。

エビングハウスの記憶心理学

ドイツの心理学者エビングハウス（Ebbinghaus, H.）が人の記憶研究を始めた1879年当時は，感覚要素の連合をテーマとするヴント心理学が主流で，記憶という高次な精神活動の実験研究は無理とするのが常識であった。エビングハウスは1885年に，記念碑的な書籍『記憶について：実験心理学への貢献』を出版した。それは現代の記憶研究の基礎となる特色を備えていた。たとえば，(1) 直接観察ができない記憶の保持を記銘と再生という入出力の関係から数量的に推定し，(2) 記憶材料として無意味綴りを考案して潜在的な記憶情報によ

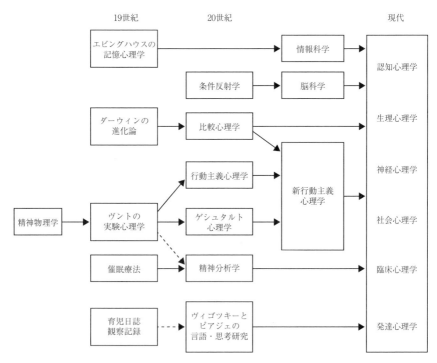

図2-1　現代心理学のおもな潮流（著者作成）
矢印は影響の方向と強弱を示す。

る連想の影響を取り除き，(3) 記憶材料をメトロノームに合わせて朗読する方法により，記銘の仕方をコントロールした。

ゲシュタルト心理学

この学派は，心理学の対象が感覚要素に還元できない知覚であることを実証し，ヴントの要素論を鋭く批判した。知覚は物理的刺激の時間・空間的パターン（刺激布置）に規定され，水を水素と酸素に分解すると液体の性質が失われるように，感覚要素に分解すると消えてしまう。知覚は感覚要素の寄せ木細工的な集合や感覚要素の連合では説明できない全体性（ゲシュタルト：Gestalt）であるとした。ウェルトハイマー（Wertheimer, M.）らが行った仮現運動の実験は，暗室内に2つの光点AとBを短い時間間隔（約60ミリ秒の間隔）で交互に点滅させると，光が点Aから点Bへ，あるいは点Bから点Aへまるで飛ぶように見える鮮やかな運動印象が体験される知覚現象（仮現運動）を明快に実証した。日常的な例としては映画がある。19世紀末の1895年12月28日に，リュミエール兄弟がパリのグランカフェで開催した映画（フィルムを1コマずつ送り，スクリーン上に映写するシネマトグラフ）の試写会は，列車が煙を吐きながらホームに入り，乗客が次々と降りてくる動きをスクリーン上に映し出して観客を大いに驚かせた。ゲシュタルト性質は，物理的刺激の時空間的な布置（距離，時間間隔）を心理的に変換した結果である。音楽のメロディーは聴く人が知覚するゲシュタルトで，個々の音を同じリズムで移調してもメロディーは失われない。知覚のゲシュタルトに対応して，脳内に同型のゲシュタルトが生じると想定されている（心身同型説）。

行動主義心理学

アメリカの心理学者ワトソン（Watson, J. B.）は，1913年に発表した論文「行動主義者の見た心理学」のなかで，行動主義（behaviorism）を宣言した。それは刺激と反応の結合に基づいて形成される環境への適応行動の予測と制御を心理学の対象とし，一方で直接経験の意識を研究対象としてきたヴント以来の内

観法（自己の内面の観察）を否定して意識を心理学の対象から排除した。行動主義心理学が関心をもつ連合は，伝統的な観念の連合ではなく，他者の客観的観察によって検証できる刺激と反応（行動）の結合であった。行動主義心理学にみられる客観主義は，20世紀当初の革命期ロシアにおいて生理学者パブロフ（Павлов, И. П.）が創始した条件反射学の条件刺激と無条件刺激（強化）による条件反射形成が影響している。また，行動主義がアメリカで誕生した背景には，行動を知識と思考の唯一の基準とみるプラグマティズム，機能主義，伝統にとらわれないフロンティア精神の土壌があると考えられる。

精神分析学

　この学派は，意識の深層にある前意識と無意識に光をあて，「こころ」の葛藤に起因する症状を診断し治療する医学的療法に基づいている。フランスの精神科医シャルコーのもとに留学したフロイト（Freud, S.）は，女性の子宮（ヒスト）に由来する器質性疾患と考えられていたヒステリーが催眠暗示で男性にも発生する機能性疾患であるという現実を目撃し，催眠の暗示効果から無意識のヒントを得た。ウィーンに帰国後，フロイトはヒステリーの臨床と催眠療法に精力的に取り組み，精神分析学の創設に突き進んだ。精神分析学は人間を無意識の根元的欲求であるリビドー（性衝動）に支配されたエネルギー系とみなした。リビドーは充足のはけ口を求めて意識に上り，人間を行動に駆り立てようとする。これに対して，しつけや倫理観あるいはタブーを重視する良心の意識である超自我がリビドーを無意識に押し戻そうとする。自我は超自我と確執し，最終的には防衛機能を発揮して現実的な妥協点を求める（現実原則）。結果として自我は合理化，昇華，退行などの防衛機制を働かせて，リビドーを現実に受け入れられる形に変形する。そのため心身症，ヒステリー，忘却などの意識障害，悪夢，言い間違い，しくじりの症状が発症する。しかし，フロイトの偏狭な生物主義的一元論には当然のように反発がおこり，社会文化的な条件を重視する新フロイト学派が生まれた。精神分析学は初期経験をはじめ，自我防衛，動機づけ，コンプレックス，アイデンティティなどの諸概念を提示した。

現代の臨床心理学，発達心理学，性格心理学などの分野に多大な影響を与えている。

新行動主義心理学

　この学派は，刺激と反応の機械的な結合（連合）を主張する行動主義に心理過程を復権させた潮流で，そこにはゲシュタルト心理学の影響がみられる。新行動主義は，環境（独立変数）と行動（従属変数）の結合を媒介する仲介変数として「こころ」を位置づけ，環境と行動の両面から推定される構成概念であるとした。したがって，行動は刺激曝露により一方向的に決定されるものではなく，何らかの心理過程（仲介変数）を介した表出とみなされる。新行動主義を代表する仲介変数は，トールマン（Tolman, E. C.）の「認知地図」が有名である。小動物のラットが複雑な迷路を迷うことなく目的地に到着できるのは，単なる練習の効果ではなく，迷路についての「こころ」の地図（認知地図）を形成する潜在学習による。無強化（報酬なし）の条件下でラットが迷路をあちらこちらと一見無駄ともみえる形で走る間に，認知地図が形成されると理解された。新行動主義の仲介変数は観念的な仮説（砂上の楼閣）であったが，後にその物質的な基礎である脳機能の研究に受け継がれてゆく。

比較心理学

　これはダーウィン（Darwin, C.）の進化論の影響のもとで，動物の行動を客観的に研究する心理学の潮流で，動物心理学とも呼ばれる。地球上で生命活動を営む生物，特に動物には神経活動（脳），代謝活動，適応行動という共通する特性がある。その進化論的な連続性に立って，人間の心理活動の起源を生物学的に推定し，それぞれの種に特異的な心理活動（適応行動）を明らかにする。倫理的観点から人間では許されない実験的検証が動物研究では可能になる。動物行動の研究には，モーガンの公準（Morgan's canon）と呼ばれる重要な原則がある。それは「どのような行動も，より低次の心的機能の結果として理解することができる場合，それをより高次な心的機能の結果として解釈してはなら

図2-2 「賢いハンス」
ライプチッヒ1912年，ハンスが実際に「計算」を披露しているところ。

ない。」と主張する。モーガンの公準は，動物の知能を人間からの類推による過剰な擬人的解釈を禁じ，より科学的な解釈を重視する原則である。たとえば，「賢いハンス」と呼ばれた馬は，飼い主が出す簡単な計算問題を蹄で地面を叩く回数で答えたことから，人間の言葉を理解し計算ができる馬として19世紀末から20世紀初頭のドイツで話題になった。1907年，観客や飼い主をはじめ誰にも問題がわからないように計算問題を出題すると，ハンスは正解できないことが明らかになった（図2-2）。

認知心理学

　これは20世紀前半のゲシュタルト心理学，および新行動主義心理学の流れを汲む潮流であるが，20世紀後半から急速に発展したコンピューター技術と情報科学の影響を強く受けるなかで，仲介変数の「こころ」を情報の抽出処理過程として説明する傾向が強まる。人間の記憶，思考，理解などの高次精神活動は情報の処理機能として説明される。たとえば記憶は感覚情報の変換，伝送，蓄え，再生による加工処理システムとみなされる。認知心理学が明確な姿をとるようになるのは，ナイサー（Neisser, U.）の『認知心理学』（1967）の刊行後とされる。認知に関わる学問分野は広く，認知心理学のほかに，情報科学，神経心理学，生理心理学，神経科学（脳科学），人工知能など多数あり，研究テーマの相互関連からこれらの学問を包摂して認知科学という。

社会心理学

　地球上には，経済体制や政治制度の異なる社会が多くあるが，そこで暮らす人間には共通する「こころ」の働きがある。社会心理学は，社会と個人の関係

あるいは人間関係のなかで発生する緊張的な心理状態や行動様式を集団の斉一性，役割，モラール，リーダーシップ，対人関係，対人認知，態度などの点から説明する。個人の心性は，社会的な集団（組織）のなかで人間らしさを獲得する。生物的存在として誕生したヒトは，家族や社会文化の環境の影響を受ける過程で一個の人間として育ち，集団内で自他の区別を知り，仲間意識を形成する。集団は成員の凝集性と威信を強めるとともに，成員の行動を斉一化する圧力として作用する力学を示す。

発達心理学

　進化論で有名なダーウィンは，「MIND」誌の第 6 号（1877 年）に掲載された幼児の言語発達に関するフランスの哲学者テーヌ（Taine, M.）の論文に触発され，37 年前に記録していた自身の育児日誌を行動観察の点からまとめた論文「A Biographical Sketch of an Infant」（Darwin, 1877）を発表した。それは子どもの視覚世界の広がり，手の運動と視覚世界のつながり，怒り・恐怖・快感・理性などを興味深く論述し，「こころ」の個体発生の視点を提供した。言語と思考に焦点をあてて子どもの「こころ」を考察する発達観が登場する。ヴィゴツキー（Выготский, Л. С.）は，子どもの言語活動は成人との交流のなかで精神間機能（コミュニケーション）から精神内機能（思考）へと転化する発達論を論じた。ピアジェ（Piaget, J.）は，子どもの「こころ」が自己中心性から社会的なものへ移行する発達段階論を提唱した。現代は，乳幼児期から高齢に至るまで人は発達するという生涯発達の考え方が定着し，発達過程は独自の個性をもった存在である個人が自我同一性（アイデンティティ）を模索し確立する道程として理解されている。

生理心理学と神経心理学

　20 世紀後半から進歩した電気生理学的手技や画像解析法を用いて脳の構造と機能を動機づけ，情動，知覚，記憶，注意，言語，意識水準などの「こころ」の機能との関連から探求する新しい潮流が心理学に誕生した。生理心理学

は，精神活動と相関する過程として脳波等の生理学的活動の時空間的変化を調べる。たとえば睡眠研究は，覚醒から睡眠までの意識水準の低下（眠りの深さ）を脳波パターンで記述し，行動的応答や内観（眠気や夢）との対応を説明する（図2-3）。

　神経心理学は，脳の異なる領域の損傷あるいは病変を特定し，それに随伴する心理機能の変容や喪失との関係を調べる。てんかん手術のために左右大脳半球を連絡する脳梁（太い神経線維の束）が，切断された分離脳症例に関するスペリー (Sperry, R. W.) の研究は，左右両半球の機能差を明らかにし，その功績により1981年ノーベル生理学・医学賞を受賞した。現代の脳科学の発展への寄与とともに，健康管理や障害児教育への実践的応用も行われている。

図2-3 『生理心理学』（岩原，1981）
精神活動の対件として脳の神経生理学的構造と機能に関する知見を集約した初期の成書。著者の尽力で1968年から開催された生理心理学懇話会は，日本生理心理学会（1983年発足）の礎となった。

コラム ● 研究倫理

　動物を用いた実験研究は，科学上の利用の目的を達することができる範囲において，代わり得るものを用いる代替法の利用（Replacement），使用数の削減（Reduction），苦痛の軽減（Refinement）の3原則に基づいて実施される（国立研究開発法人国立環境研究所動物実験等実施規定；同研究所動物実験委員会，2013）。人間を対象とする研究には基本的人権の尊重，インフォームドコンセント（参加者の同意），個人情報の保護，研究資料の公開と目的外使用の禁止，および動物実験研究と同様に，利益相反の明示，研究倫理審査委員会の審査等が求められている。

コラム ● 心理学の語源

　わが国で最初の心理学の講義は1873年に東京大学の前身である東京開成学校で行われた。その際に教師サイル（Syle, E. W.）が採用した教科書は，"Mental Philosophy"，副題"Intellect, Sensibilities, and Will"（Haven, 1857）であった（神戸親和大学附属図書館所蔵）。同書は1878年に『奚般氏著心理学』（西周訳）の書名で刊行され，その第1頁の頭注に「メンタルフィロゾフィー，奠に心理上の哲学と翻し，約めて心理学と訳す，此学如何を論ず」とある。当時の心理学は，副題が示すように，知情意の哲学であった（今田，1962；児玉，1982）。同訳書の刊行により「心理学」の学名が公式の用語として登場した。英語圏ではPsychology が共通の用語である。接頭語の Psych は魂，蝶，若い女性の名前を意味するギリシャ語プシュケ（ψυχή：Psyche）に由来する。

設問　心理学はなぜ行動を重視するか（自由討論）。

3章

脳
—— 「こころ」の生物的基礎

I. 大脳の形成

　人間の脳は大脳，間脳，中脳，小脳，脳幹から構成され，大脳は高次の精神活動の生物的基礎である。人間の脳の形成過程を胚子期（受精後60日まで）から胎児期で概観すると，受精後24〜25日に脳の原型である神経管が形成される。その後，神経管の前方部が折れ曲がり，40日目にくびれが発生して脳胞に変化する。50日目に脳胞の前方部が肥大し，将来の大脳に成長する。5〜7ヵ月に大脳の側頭部に「シワ」が発生する。シワは脳表面が内側に折れ込んだ溝であり，脳の表面積（細胞数）の増大を意味する。7ヵ月以降，大脳はさらに膨大し，脳の前方と後方の領域にも溝が発生し，脳全体の表面積が増える。9ヵ月目にほぼ成人脳に近い脳の外形が出来上がる（津本，1986）。

　人間の脳全体の重量は，出生前後で200〜300g（体重の約1割），2〜3歳までに約1000gに急増する。その後は緩やかに増え，6〜8歳で成人の脳重量（約1300g）に達する。脳重量の増加は頭周囲長の伸張と比例する。新生児と乳幼児の頭囲（cm）は，健康診断の測定値としてわが国の母子健康手帳に記録されている（3歳児健診の頭囲については2023年より記録欄を削除，厚生労働省）。

2. 大脳半球の構造

　大脳（成人）はほぼ同型の左右両半球で構成される。大脳皮質には中心溝と外側溝と呼ばれる太いシワ（溝）がある。溝を手がかりにして，脳表面は4つの領域に区分される。中心溝より前方は前頭葉，その後方は頭頂葉および後頭葉，外側溝の下方部は側頭葉と呼ばれる（図3-1）。大脳皮質の中心溝前方の中心前回は，随意運動の発現に関わる一次運動野である（回または脳回は大脳皮質のシワの隆起部分）。中心溝後方の中心後回に体性感覚，外側溝下方に聴覚，後頭葉に視覚の感覚モダリティに特異的な一次領野があり，感覚受容器から神経路が投射している。運動情報と感覚情報を統合して高次の機能を担う連合野は，前頭葉（前頭連合野），頭頂葉（頭頂連合野），側頭葉（側頭連合野），後頭葉（後頭連合野）に広く存在する。

　大脳の内側には，系統発生的に他のほ乳類と共通する古い脳構造がある。大脳皮質側頭葉の内側には，大脳辺縁系と呼ばれる脳組織があり，その主要な部

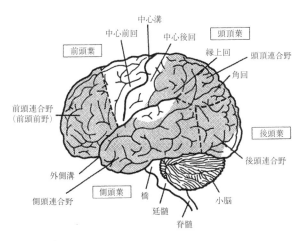

図3-1　人間の脳の外形（左脳の外側）（古川・川崎・福田，1998）
大脳皮質の白い部分は感覚モダリティに特異的な一次領野と一次運動野，灰色部分は連合野である。

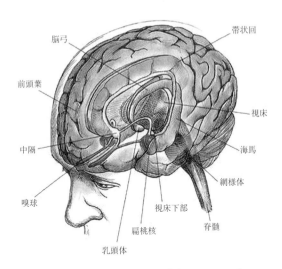

図 3-2　脳内の大脳辺縁系を構成するおもな神経構造（ブルーム，2004）

位は海馬，帯状回，脳弓，中隔，乳頭体，扁桃核（扁桃体）である（図 3-2）。皮質下には間脳（視床と視床下部），中脳，脳幹（橋，網様体，延髄）を経て脊髄へつながる構造がある。これらの古い脳は，覚醒・睡眠，情動，記憶と深い関係がある。たとえば，大脳辺縁系の海馬は記憶に，間脳の視床は情動の制御に，視床下部は身体の内部環境の恒常性の維持（ホメオスタシス）や覚醒・睡眠の調節に関与する。脳幹網様体は覚醒の維持に不可欠な神経構造である。

3. ニューロンとグリア細胞

　脳の基本的な構成単位は，ニューロン（神経細胞）とグリア細胞である。大脳半球の表面はニューロン（神経細胞）の細胞体が集まった大脳皮質で，灰色に見えることから灰白質と呼ばれる。ニューロンから出る神経線維の集まりは，白く見える白質である。脳の活動はニューロンとグリア細胞の統合的な働きによって展開される。両細胞は，神経管内側の脳室帯に存在する未分化な神経幹細胞が増殖し分化したものである。ニューロン新生（neurogenesis）は胎生期

3章　脳──「こころ」の生物的基礎

に爆発的に起こるが，生後の脳でも側脳室下層や海馬歯状回などの部位で生じる。

ニューロン

　大脳皮質を構成するニューロンは互いに独立した単体で，その数は140〜150億と推定される（大脳全体では1000〜2000億）。ニューロンは細胞体と軸索および樹状突起から構成される（図3-3）。樹状突起は成長とともに伸長し，豊かに分岐する。ニューロンとニューロンは，わずかな間隙をおいて接合する（シナプス）。1個のニューロンは，数千から2〜3万個のシナプスがある。シナプスの仕方には，ニューロンの軸索と細胞体が接合するものと，軸索と樹状突起が接合するものとがある。シナプスの形態には，発散型と収束型の2タイプがある。発散型シナプスは1個のニューロンが他の多数のニューロンに発散して接合し，収束型シナプスは多数のニューロンが1個のニューロンに収束して接合する。こうしたシナプスの仕方と形態の組み合わせにより，脳の複雑な神経回路が出来上がる。

　ニューロンの活動は興奮が一定の閾値を超えると，全無の法則で活動電位が細胞体に発生する（60μV：μは100万分の1V）。活動電位は神経線維の軸索に沿って神経終末に伝導され，次のニューロンと連絡するシナプスに届く。シナプスでは，シナプス前ニューロンから化学的伝達物質がシナプス間隙に放出される。放出された伝達物質はシナプス後ニューロンを興奮（脱分極）させて，神経情報を伝達する。シナプス前ニューロンが繰り返し発火してシナプス後ニューロンの興奮が起こりやすくなることを促通という。促通によってシナプスの伝達効率が増強する。反対に発火が長期間起こらないと，シナプスの伝達効率は低下する（抑制）。シナプスの促通と抑制は神経系の活動（学習機能）の重要な性質である。

33

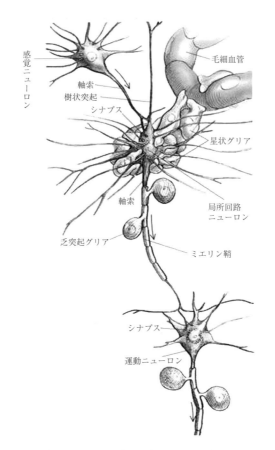

図 3-3　ニューロンとグリア細胞とシナプス（ブルーム, 2004）
感覚ニューロン，局所回路ニューロン，運動ニューロンはシナプス接合する。3 つのニューロン間で，神経インパルス（活動電位）が軸索の横の矢印の方向に伝わる。星状グリアは毛細血管とニューロンの橋渡しをする。乏突起グリアは軸索に巻き付いてミエリン鞘を形成する。

グリア細胞

　グリア細胞はニューロン以外の細胞の総称である。グリアの名称は，膠を意味するギリシャ語に由来する。グリア細胞の数は，人の脳ではニューロンの約10倍以上と推定されている。グリア細胞は脳機能の発達，とりわけ脆弱で傷つきやすいニューロンの長期生存を支える環境づくりにおいて重要な細胞であ

る。3種類のグリア細胞がある。(1) 乏突起グリア：突起の少ない細胞で、ニューロンの軸索に巻き付いて髄鞘（ミエリン鞘）を形成する。髄鞘間のくびれから次のくびれへ興奮性の神経信号を伝える跳躍伝導を誘導して活動電位（神経情報）の伝導速度を高める。(2) 星状グリア：複雑な形の突起を伸ばして脳の空間を満たすことで脳構造を支持する。神経細胞に必要な糖質・アミノ酸・脂質などの栄養素を輸送し、有害物質から脳を護る血液脳関門を形成する。さらに自ら神経伝達物質を遊離して、ニューロンの活動を修飾する。(3) 小グリア：ニューロンの免疫や修復に関与し、侵入した異物や変性したニューロンを細胞膜で取り込む食作用によって処理する（図3-3）。

4. 神経系の構成と機能

神経系は中枢神経系と末梢神経系に分類される。中枢神経系は頭部に集まり大脳、間脳、中脳、小脳、脳幹（橋、網様体、延髄）を構成する。

末梢神経系は体性神経系と自律神経系に分類される。体性神経系は解剖学的に脳神経と脊髄神経に分かれる。脳神経は脳幹にある12対の神経である（嗅神経、視神経、動眼神経、滑車神経、三叉神経、外転神経、顔面神経、内耳神経、舌咽神経、迷走神経、副神経、舌下神経）。脊髄神経は感覚神経と運動神経に分類される。感覚神経は皮膚の感覚受容器から受け取った情報を上位脳に伝える求心性神経路を構成する。運動神経は上位脳からの運動調節の情報を脊髄に伝える遠心性神経路を構成し、体部の骨格筋（伸筋と屈筋）を支配する。

自律神経系は身体のあらゆる臓器・組織に張り巡らされている神経である（図3-4）。1つの臓器に交感神経と副交感神経が対になって相拮抗的に働き、体温、血糖値、水分、ホルモンなど身体の内部環境の恒常性を維持する（ホメオスタシス）。自律神経系の働きは、通常はほとんど自覚されず、意思による随意的な制御は容易でない。

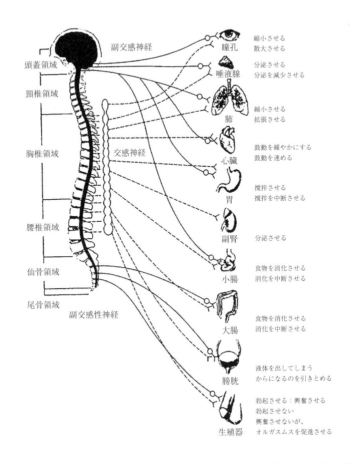

図3-4　自律神経系の構成：交感神経系と副交感神経系（古川・川崎・福田, 1998を一部改変）
脳幹部から出る副交感神経は脳神経（動眼神経，舌咽神経，迷走神経）である。

5. 中枢神経系の機能

　中枢神経系の脳が「こころ」の生物的，物質的基礎（基体）であることは間違いないであろう。脳は固有の機能をもつ多数のニューロンとグリア細胞，そして循環系から構成されるが，精神活動とどのような関係をもった働きをする

のであろうか。この問いを局在論と全体論およびシステム論から考察する。

局在論

　これは，脳には特定の精神活動に関与する特定の部位や領域が局在するという考え方である。大脳皮質は細胞構築（層構造）の差異から52領域に区分され（ブロードマンの脳地図），それぞれ異なる心身機能を担うとされている。たとえば，不幸な鉄道事故によって大脳の前方部位（前頭葉）を損傷された人は人格の変容を示した。また，大脳皮質の特定部位を電気刺激することで，限局された筋肉群の活動を誘発した実験が報告されている。さらに発話や言葉の理解に障害を伴う失語症が左大脳半球の特定部位の脳細胞の損傷により発症することが，脳の解剖所見から明らかになった。言語中枢の左半球局在は，神経心理学的な分離脳研究，あるいは半球麻酔法（和田テスト）による臨床所見で確認されている。てんかん病巣がある大脳辺縁系の海馬を摘出した術後に，前向性健忘（新しいことの記憶困難）が生じたことから，海馬は記憶に関与する脳領域と推定されている。

全体論

　これは，「こころ」の機能は脳総体の働きによって司られ，特定の脳部位に局在するものではないと考える。心理学者ラッシュレー（Lashley, K. S.）の，等能説が代表的な全体論である。彼は難易度の異なる迷路を学習したラットの脳領域を左右対称に破壊して学習に与える影響を調べた。脳の一部を破壊しても他の部位が代行するために記憶が失われることがなく，脳の切除の大きさに応じて機能が徐々に弱まるという実験結果から，全体論が提唱された。

システム論

　現代の脳機能の理解は，局在論か全体論かの二者択一ではなく，両者を止揚したシステム論が共通した考えになりつつある。脳は，異なる脳領域や部位がそれぞれ固有の異なる機能を担うとともに，相互に連絡することで高次の精神

活動を実現するシステムであると考えられている（音楽のオーケストラのように）。脳は基本的に，3つの機能を営む下位システムで構成された複合体とみなされる。下位システムは，モダリティ特異的な感覚情報の受容と伝達を担うシステム，脳の最適な機能状態を作り出す賦活・修飾システムおよび行動のプログラミングを行うシステムである。これらのシステムは神経生理学的なモジュール（機能単位）を構成する。たとえば細胞集成体，連合野（知覚，行動），一時結合（学習），機能系（行動），パペッツ回路（情動・記憶），コラム構造（感覚・知覚），ウエルニッケ・ゲシュビント回路（言語），刺激の神経モデル（注意），脳幹網様体賦活系と二過程モデル（睡眠・覚醒）などである。ここでは最も基本的なモジュールの細胞集成体を概説する。

細胞集成体

これは，人間の脳には精神活動に対応した神経回路が機能的単位として存在すると仮定する。大脳皮質連合野では，ニューロン同士が接合した複数の閉回路があり，それらの回路が興奮活動をとおして互いに連結し，より大きな回路となって細胞集成体を構成する（図3-5）。細胞集成体は学習性と可塑性を備えていて，ニューロンが興奮すると，入力部のシナプス結合のうち，刺激伝達を繰り返したシナプスは結合強度が増し，刺激の伝達率が長期的に向上する（ヘッブ則）。そうした反響性活動によって生じる，永続的な細胞の構造的変化が記憶保持の生物学的基体であると推定する。生後初期の感覚刺激の作用（位相連鎖）は，細胞集成体の形成に必須の条件とされている（Hebb, 1958）。

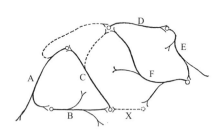

図3-5　学習によって細胞集成体が出来上がる仕組み（Hebb, 1958）
大脳の連合皮質にあるA-B-CとD-E-Fの2つの閉回路は，学習場面でインパルスが通過しやすくなる連絡通路（破線）ができて1つの環状回路を形成し，記憶保持の仕組みとして働く。

3章　脳——「こころ」の生物的基礎

コラム ● 神経の語源

神経の語は『解体新書』（杉田玄白，1774）に初出。『解体新書』は前野良沢によるオランダ語研究の過程で，解剖書『ターヘルアナトミア』の邦訳として出版された。神経の用語を次のように訳出している。「世奴（セイニー：zenuw）。ここに神経と翻す。その色白くして強く，その原，脳と脊より出づ。蓋し，視聴，言動を主り，且つ痛痒寒熱を知る。諸々，動くこと能わざる者をして，能く自在ならしむる者は，この経あるを以ての故なり。第八篇に見たり。」（第八篇：脳髄ならびに神経篇。ルビ引用者）。良沢は自身の翻訳の未熟さを理由に『解体新書』の出版に同意しなかったが，医療の進歩を願う玄白の名で出版された。その辺りの事情を吉村昭著『冬の鷹』（1976，新潮文庫）は活写している。

コラム ● 神経神話

「3歳までが学習を最も受け入れやすい」「脳は全体の1割しか使っていない」「右脳左脳人間」などの俗説は，科学的根拠が明確でない擬似脳科学である。日本神経科学学会は「ヒト脳機能の非侵襲的研究の倫理問題等に関する指針改訂にあたっての声明」（2010）において，脳機能の非侵襲的研究法[注1]が広く普及する状況のなかで，脳科学への信頼が失われることがないように，科学的な根拠を明確にして研究成果を公表するよう求めている。

注1：非侵襲的研究法は身体や脳を傷つけない手技を用いる検査法で，脳波，MRI，CTなどがその代表である。

設問　脳の重さの成長と比例する頭周囲長の変化をあなたの母子健康手帳を参考に調べてみよう。

4章

感覚と知覚

1. 外的環境の分析と総合

　人間および生物と周囲の環境との間には，刺激と反応の一般的関係が成立する。環境の特定のエネルギーは人間に作用する刺激であり，人体に生じる変化が反応である。感覚と知覚は初期段階の反応で，外的環境のエネルギーの情報を選択的に受容して分析し，主観的な心理像に変換する。感覚は分析の最初の段階に生じる反応で，末梢の感覚受容器に作用する外的エネルギーを神経インパルスのパターンに変換する。これに続く知覚は，上位脳へ伝わった感覚情報を形態情報（ゲシュタルト）へ変換する反応であり，主観的な心理像を形成する総合過程の始まりである。

2. 感覚モダリティへの変換

　感覚は外的環境を反映する最も基本的な過程である。時々刻々と変化する外的環境の物理・化学・機械的エネルギーは統合された形で刺激として作用するが，人間の末梢の受容器はそれを視覚，聴覚，皮膚感覚，嗅覚，味覚の5つの感覚モダリティに分解する。それぞれの感覚受容器は特異的な刺激（適刺激）のみを感受し，眼は電磁波（可視光線），耳は音波（縦波，粗密波），皮膚は機械的圧力や温度，鼻と舌は化学物質が適刺激である。受容器の適刺激には下限

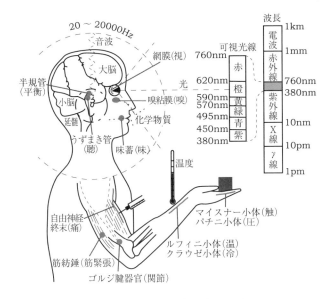

図 4-1　物理化学的エネルギーと感覚受容器の関係（矢田部, 1962）

（刺激閾）と上限（刺激頂）の処理範囲があり，眼では約 380 ～ 760nm の可視光線（nm=10 億分の 1 m），耳では約 20 ～ 20,000Hz の可聴音波の範囲にとどまる．そのことは人間には見えない光，聞こえない音波の存在を意味する（図4-1）．

3. 感度への変換

弁別閾

　人間の感覚は，外的世界の物理・化学・機械的エネルギーの絶対量をとらえるのではなく，それの相対的で不連続な変化をとらえる．外的世界のエネルギーの変化に初めて気づくとき，その変化の大きさを弁別閾あるいは丁度可知差異（jnd：just noticeable difference）と呼ぶ．たとえば，2 つの刺激強度を比べているときに初めてその差異に気づく場合，比較の基準となる刺激強度をⅠ，弁別閾をΔⅠで表現すると，次ページに示すウェーバーの法則が成立する．

ウェーバー比ΔI/Iは小さいほど感覚が鋭敏なことを示す近似的な指標であり，明るさ弁別で約1/100，重さ弁別で約1/50，塩辛さ弁別で約1/12というように感覚により異なる。また，ウェーバー比の法則が成立する刺激範囲は比較的狭い。たとえば，明るさのウェーバー比は刺激強度が強まるに従って下降し，一定の強度（$4 \sim 6\ log\ troland$）で約1/100に安定する（大山，1968；Teghtsoonian, 1971）。

$$\frac{\Delta I}{I} = C（一定）（Weber's law）$$

精神物理学者フェヒナー（Fechner, G. T.）は，ウェーバー比に基づいて下記の関数式で表わされるフェヒナーの法則を導いた。その式が示すように，感覚量の増分ΔSが刺激量の増分に比例すると仮定し，漸化式（積分）で求められる。この法則は，k=1の場合，刺激強度Ιが10，100，1000と等比級数的に増加すると，感覚量Sが1，2，3と等差級数的に増えることを示す。「こころ」の世界は物理世界の対数変換で表現できるという心理尺度を提供している。

$$\Delta S \propto \frac{\Delta I}{I}と仮定，\ S = k\ log\ I \quad（Fechner's\ law）$$

フェヒナーの法則は，騒音の音圧レベルの測定に応用されている。人間の最小可聴音圧は基準音圧の20μPaで，その騒音音圧レベルは0dBである（図書館：40dB，電話のベル：70dB，電車内：80dB）。

$$音圧レベル（dB） = 20\ log_{10}\left(\frac{被測定音の音圧}{基準音圧}\right)$$

注意

刺激量の最小の変化を検知する感度jndと異なり，注意を感度とみる考え方がある。複数の刺激（文字や光点）が配置された刺激布置のなかから，標的刺激（特定の文字，特定の位置で点滅する光点）を検出する課題場面において，正

しい標的をすばやく検出したとき（短い反応時間のとき），視覚感度が良いと判定する。その感度は注意（選択的注意）と同義で，作業や思考を進めるなかで1つの事柄を選択し，他のものを抑制する働きである。

順応

感覚受容器が連続して刺激を受け続けると，感覚の質，強度，明瞭さが時間経過とともに低下する。この現象が順応である。明暗と色（視覚），音の大きさ（聴覚），温度と圧（皮膚感覚），味（味覚），におい（嗅覚）の順応は日常生活でしばしば経験している。嗅覚の順応は急速に生じ，異臭や香りはたちまち感じなくなる。皮膚の温冷感覚も順応があり，最初は熱いと感じられた風呂も，やがて適度な温かさに感じられる。順応は，外的環境の刺激分布の平均水準に感覚の生理的零点をリセットすることで，環境内の新しい変化の検知に備える感度の自動調節である。

視覚の順応は明順応と暗順応がある。後述するように，受容器の網膜に明所視と暗所視を司る2種類の視細胞がある。網膜中央の中心窩に密集する錐体は，明るい場所での色覚と中心視に関わり，中心窩の周辺に分布する桿体は暗い場所でわずかな光に反応する。暗いトンネルや映画館に入ると急に暗さが増し，しばらくすると事物の見分けがつく。この暗順応の現象は，作用する視細胞が錐体から桿体へ切り替わることで発生し，細胞内のロドプシン合成に長い時間（約30分）かかるため経過が長い。暗い場所から出た瞬間はまぶしさを感じるが，すぐに事物が見える。この明順応は錐体の作用により40秒程度で完了する。

4. 知覚への変換

ゲシュタルト

知覚は心的体験の単位であり，外界の単なるコピーでも，感覚の単なる寄せ集めでもないゲシュタルト（形態：Gestalt）の性質をもつ（2章のゲシュタルト

心理学参照）。喩えて言えば，水の液体としての性質が構成要素の酸素と水素に分解すると失われるのと同じように，知覚は感覚を基礎としながら感覚要素に還元できない固有のゲシュタルト性質をもつ。その性質は，刺激布置の心的変換の産物であり，同型のゲシュタルトが脳に生来的に備わっていると仮定された（心身同型説）。ゲシュタルト性質は，視知覚の場合，次のような特徴がある。

①図地の分節と反転：「ルービンの反転図形」（Rubin, 1921）は中央の盃と向かい合った人の横顔が交互に知覚される（図 4-2a）。明暗や色調の異なる空間領域から成立する視野[注2]のなかで，注意をひく領域は図となって前面に浮かび上がり，注意をひかない領域は地となって背景に退く。

②幾何学的錯視：「ミューラー・リヤー錯視図形」（Müller-Lyer, 1889）は客観的に同じ長さの線分が，矢じりの向きと大きさの影響を受けて実際よりも長く，短く知覚される（図 4-2b）。

③群化：白い空間に点在する黒い斑点がまとまると，「ダルメシアン犬」の像が知覚される（Gregory, 1998）。本来別々に処理される色と形などの情報が1つに連結して知覚される（図 4-2c）。

④主観的輪郭：「カニッツアの三角形」（Kanizsa, 1955）は実線描画の三角形の上に白い三角形が重なって見え，実在しない輪郭までも知覚される（図

図 4-2a　図地の分節
（Rubin, 1921）

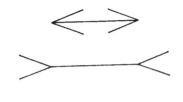

図 4-2b　幾何学的錯視
（Müller-Lyer, 1889）

注2：視野は見える外的世界の広がりで，片目で耳側100度，鼻側60度，上方60度，下方70度までの範囲である。

4 章　感覚と知覚

図 4-2c　群化（Gregory, 1970）
写真家James, R. C.によるダルメシアン犬。

図 4-2d　主観的輪郭（Kanizza, 1955）

4-2dの左）。実際は，扇形の開口部を切り取られた3枚の黒い円盤，3個の矢じりを配置した図柄であり，輪郭線は一切描かれていない。しかし，知覚にはその要素が反映されない（同図の右）。

⑤仮現運動（みかけの運動）：静止画像を一定の時間間隔，画像のズレ，コマ数などを整えて提示すると，物理的に動いていない対象が動いて見える。仮現運動の日常的な例として映画・アニメ，テレビ画像，ネオンサイン，警報器の信号などがある（2章のゲシュタルト心理学を参照）。

立体視

　外界の事物の立体構造は，触覚で確実に把握されるが，視覚も立体感を知覚する。立体視（奥行き知覚）は網膜上の2次元情報に，生理的要因と心理的要因が関与して成立する。生理的要因は，①眼球の水晶体の厚みの調節（水晶体は毛様体筋と毛様体小帯の緊張と弛緩のバランスで遠くを見るときに薄くなり，近くを見るとき厚くなる），②視線を一点に集中するときの両眼の輻輳（内直筋収縮による眼球の内転），そして③両眼視差（同じ視対象が網膜上で結ぶ像の位置が左右の眼球で異なる），である。両眼情報の対応づけと視差成分の検出に基づく統合処理の結果として，立体視が成立すると考えられている（眼球の構造は図4-6を参照）。

45

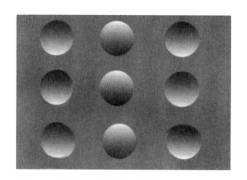

図 4-3　奥行き知覚と陰影（中村・戸澤, 2017）
円形の下に陰が濃くなるようにつけると浮き上がり，上に濃くなるようにつけると沈んで知覚される。この図を上下逆さまにすると，奥行きの反転が知覚される。

　次の簡単なテストで両眼視差を体験してみよう。
網膜像のズレ　左右の人差し指を眼前で 20cm 程度の間隔で前後に立て，左目を閉じ，右目のみで 2 本の人差し指を一直線上に重ねる（手前の指に後ろの指を隠す）。右目を閉じて左目を開けると，2 本の指の位置がずれて見える。
立体虚像の知覚　眼前で左右の人差し指の先を合わせ，指先を見つめたまま指を 20cm ぐらい前方へゆっくり押し出す。左右の指先を 1cm ほど離し，視線を少し遠くに移し，また元の指先を見る。この操作を繰り返すと，空中にウインナーソーセージらしきものが見える。左右の指先の視差成分が融合した虚像である。

　立体視の心理的要因は，重なり合い，陰影，きめ（肌理）の勾配，線遠近法，大気遠近法などの経験的事象である。上下に重なる図形は，上側の図が手前に見える。6 個の円形の輪郭線の下側に陰影を付けると浮き上がり，上側に付けると沈んで見える（図 4-3）。絵画や写真は，空間の上側に小さく集まるものは遠くにあり，空間の下側に大きく広がるものは手前にあると知覚される。

5. 発達による変換

乳児の視覚世界

　乳児が，1 つのものを見つめる注視行動を示すことは以前から知られている。ダーウィンが自身の育児日誌をまとめた論文「A Biographical Sketch of an Infant」(Darwin, 1887) は，視覚について次のように述べている（2 章発達心理

学を参照)。

「視覚に関して言えば,その子の両目はほぼ生後9日目には蝋燭を見つめ始め,45日目までそれ以外のものを凝視することはないように思われた。しかし,49日目には両目を凝視して両腕の動きが止まったことからわかるように,鮮やかな色合いの飾りふさに注意が引きつけられた。」(引用者訳)

乳児は,生後の比較的早い時期から複雑な図柄,特に人の顔を好んで注視す

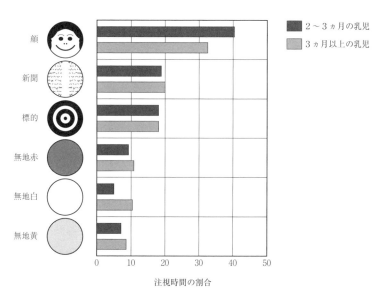

図 4-4a　人の顔に対する乳児の選好注視(Fantz, 1961)
6枚の図柄に対する生後2〜3ヵ月の乳児と生後3ヵ月以上の乳児の注視時間を示す。3ヵ月未満の乳児(上段の棒グラフ)も3ヵ月以上の乳児(下段の棒グラフ)も,人の顔を長く注視した。

図 4-4b　選好注視法を応用した乳児の視力検査用の模様

る。生後2～6ヵ月の乳児に人の顔に近い図柄，活字が印字された図柄，同心円状の図柄，赤色，黄色，白色で塗られた円盤（直径約15cm）を提示して注視時間を測定すると（選好注視；図4-4a），生後2～3ヵ月の乳児は単純な図柄より複雑な図柄，特に人の顔に近い図柄を長く注視する傾向があった（Fantz, 1961）。親子の間で顔を見合わせることの重要性を示唆している。

乳児は，縞模様パターンと無地を並べてみせると縞模様を好んで注視する。この反応傾向を利用した視力検査は，白と黒の幅が0.2mm～3cmの縦縞模様を乳児に提示し，選好注視がみられなくなる細かさの幅から視力[注3]を判定する（注視する縞模様の幅が狭いほど高い）。乳児の視力は，おおよそ新生児で0.02，生後3ヵ月で0.1，生後6ヵ月で0.2である。コトバでのコミュニケーションができない乳児の視覚障害の早期発見に寄与している（図4-4b）。

能動性と可塑性

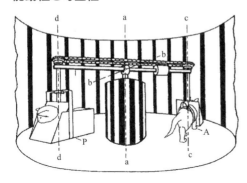

図4-5　視知覚の形成と能動的運動
（Held & Hein, 1963）
生後10週間1日3時間だけ，縦縞模様の環境の中を仔ネコAは能動的に歩いて回り，仔ネコPはワゴンに乗って受動的に過ごした。歩行テストをすると，仔ネコAは段差のある狭い通路を踏み外すことなく歩けたが，仔ネコPは通路をしばしば踏み外して滑り落ちた。

視覚機能の形成において，生後の能動的な運動経験と発達初期の視覚情報の受容経験の影響が小動物実験で確認されている（図4-5）。同腹の仔ネコを，生後直後から縦縞模様の描かれた環境の中を自発的に歩いて回ることができる能動的運動条件と，同じ縦縞模様の環境の中を歩かないでゴンドラに乗って回るだけの受動的運動条件に分けて育てると，視覚機能（奥行き知覚）は能動的運動条件の仔ネコのほ

注3：視力は視対象の白と黒の幅と眼球がつくる視角の逆数で与えられ，視角1分（1度の60分の1）が視力1である。

48

4 章　感覚と知覚

うが受動的運動条件の仔ネコよりも優れていて，段差のある狭い通路を踏み外さずに正常に歩いた（Held & Hein, 1963）。また，仔ネコを生後直ちに暗室に移し，1 日数時間だけ縦縞あるいは横縞だけを見る環境で育てた結果，仔ネコは経験した方向と同じ傾きで動く棒のみにじゃれつき，それ以外の方向で動く棒には反応しなかった。視覚性運動に可塑的な変化が生じたことを示している（Blakemore & Cooper, 1970）。

6. 視知覚の神経生理学的基礎

網膜と視覚伝導路

　左右の目の受容器である網膜は，非常に薄い膜組織で（中央部約 0.3mm，周辺部 0.15mm），光や色を感じる視細胞とそれにつながる神経細胞（水平細胞，双極細胞，アマクリン細胞，神経節細胞）から構成されている。視細胞は錐体と桿体の 2 種類があり，錐体は網膜の中央の中心窩に密集し，明るい場所での色覚の発生と中心視に関わる（明所視）。桿体は中心窩の周辺に分布し，暗い場所でわずかな光に反応する（暗所視）。可視光線のエネルギーは，網膜の視細胞で神経インパルスに変換されて神経細胞の組織に伝達される。神経インパルスは眼球を出て視神経に沿って上行し，間脳の外側膝状体で中継された後，視放線を経て大脳後頭葉の視覚領域（一次視覚野）に投射される。視覚領域では，後述するように視対象の色，形，奥行き，動きなどの情報が処理される。

　加えて，視神経は脳下垂体の上で交叉し（視神経交叉または視交叉），網膜上の両眼視差の情報がそれぞれ反対側の大脳半球に伝わる（図 4-6）。つまり，左視野の情報は右脳半球に，右視野の情報は左大脳半球に届く。この仕組みは事物の立体視を可能にする。さらに，10 章の大脳半球の機能差とも関係する重要な事実である。

色覚説

　色覚は電磁波の波長情報に対する網膜の反応である。三原色説によると，網

49

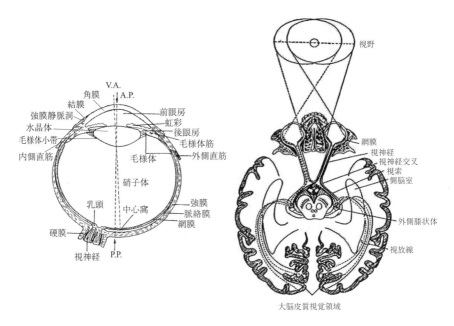

図 4-6 視覚受容器（左）と視覚伝導路（右）
受容器は左眼球水平断面図。人の視覚伝導路は視神経交叉において，網膜から出た視神経の半分（鼻側）が反対側に連絡するため，右視野の情報は左半球側の，左視野の情報は右半球側の大脳皮質視覚領域（一次視覚野）に届く。

膜には電磁波の赤橙の長波に反応する L 細胞，黄緑の中波に反応する M 細胞，青紫の短波に反応する S 細胞があり，各細胞が示す反応の加法混色によって多様な色覚が生じる。この説は光の三原色の混色であらゆる色が再現できるというニュートンのプリズム実験を根拠とするが，赤緑色盲や青黄色盲でも中間色の黄色の光が見える事実が説明できない。そこで網膜に赤－緑物質，黄－青物質および白－黒物質を推定し，各物質内の対立的変化として色覚が生じるという反対色説が提示された。現在は両説を組み合わせた段階説が有力で，網膜の錐体細胞では三原色の処理，その後に網膜の神経節細胞では反対色の処理が行われると推定されている。

視覚野の方位特異性と可塑性

網膜で受容された視覚情報の神経インパルスは視神経を伝導し，中脳から間脳にてシナプス伝達を繰り返した後に，大脳後頭葉の視覚領域（一次視覚野）に投射される。ネコやサルの大脳皮質の視覚領域や連合野には，特定の傾きの線分に反応する似た性質をもつ神経細胞が垂直方向に連結したコラム構造がある。その構造は，視対象の直線やエッジの位置・方向などの形態情報を選択的に抽出する機能（方位特異性）を備えている（Hubel & Wiesel, 1959）。コラム構造は形や輪郭の知覚の基本的単位として働き，生得的に備わっている。しかし，コラム構造が正常に機能するには，生後の一定時期に適切な視覚情報を受け取る経験が必要であり，経験が不足すると回路網の正常な働きが失われる。たとえば，生後3～4週間の仔ネコを直ちに暗室に移し，1日数時間だけ縦縞あるいは横縞のみが見える環境で過ごさせた研究によると（図4-7），大脳後頭部に

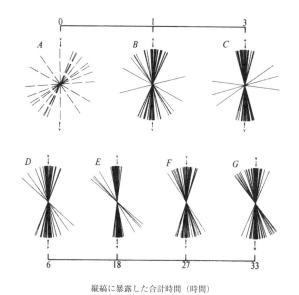

縦縞に暴露した合計時間（時間）

図4-7　縦縞のみの環境下で過ごすことにより生じる視覚野ニューロンの方位特異性の変化
（Blakemore & Mitchell, 1973）
放射線状の線は，各1本が視覚野ニューロン1個の方位特異性を示す。B～Gのそれぞれのネコは，1日1～3時間の範囲で縦縞のみの環境下で過ごした。

局在する一次視覚野ニューロンは，本来360度の全方位に反応する能力があるにもかかわらず，経験した縦縞あるいは横縞の方位のみに反応するように変化した（Blakemore & Mitchell, 1973）。さらに，脳の神経回路の形成にも情報伝達の経験が必要であるとする近年の知見（Yamada, Uesaka, Hayano, et al., 2010）によると，ラットの視床と大脳皮質のいずれかの細胞でシナプス伝達を人為的に弱めた場合，視床から伸びる軸索が大脳皮質の目標細胞に届いた後に生起するはずの分岐が大幅に減少する。

7. 注意の神経生理学的機序

　注意は定位反射の神経機構の働きである。定位反射は，未知の新奇刺激に曝された動物や人間が最初に示す生理学的反応である。人間では脳波のアルファ波（周波数10Hz前後の基礎律動）の抑制，自律神経系の興奮（末梢血管の収縮，頭部血管の拡張），刺激源への定位（振り向き，視線の移動など）が現れる。定位反射によって刺激の感覚・知覚の感度が増強する。定位反射の特徴は外的刺激の変化に伴って出現し，同一刺激への反復曝露によって消失する（慣れ）。

　定位反射の出現と慣れは，図4-8の「刺激の神経モデル」（Sokolov, 1960）によると，大脳皮質と脳幹網様体賦活系の間での興奮と抑制の相互作用の結果，生じると説明されている。網様体の増幅系は，大脳皮質のモデル形成系を賦活して覚醒状態をつくり（経路2→4），入力された感覚情報と大脳皮質にある刺激パラメーターの記憶情報を比較照合し，その結果が一致すれば皮質から網様体に抑制作用が働いて慣れが起こり（経路1→3），不一致の場合は定位反射が出現する（経路1→5→7）。

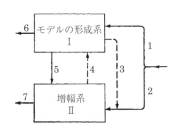

図4-8　刺激の神経モデルと定位反射（注意）（Sokolov, 1960をもとに作成）
定位反射の出現と慣れを，大脳皮質（モデル形成系）と脳幹網様体賦活系（増幅系）の相互作用から説明する。

4章　感覚と知覚

コラム ● カラーユニバーサルデザイン（CUD）

　一部の色の違いが見分けにくい色覚障害のある人（日本では推定 320
万人 , 男性の約 5%，女性の約 0.2%），あるいは目の疾患や加齢のため色
覚が変化した人にも見やすい配色や模様などを使用して，教科書や製品
のデザインを改善する取り組みが進んでいる。色の見え方の多様性を考
慮し，色覚障害児者を含むすべての人にわかりやすい色使いによって，
情報，サービス，製品，施設・建物を可能な限り同等に提供する取り組
みを CUD と呼ぶ（NPO 法人カラーユニバーサルデザイン機構 CUDO,
2004）。

設問　立体視の心理的要因である「大気遠近法」について調べなさい。

設問　視覚障害者の心理世界を想像してみよう。

53

5章

認知と記憶

I. 認知

　感覚と知覚によって分析・抽出された外部世界の基本情報（形態）を総合して新たな主観像を形成する精神活動，それが認知である。図 5-1 に示すように，知覚心像が物理的に同じ文字パターンであっても，それが置かれた文脈あるいは記憶されている知識が影響して，異なる文字パターン（英語のBと数字の 13，あるいは片仮名と漢字）として判読される。このように，刺激パターンが現れる文脈（アルファベットの列，数字の列）あるいはそのときに備えている知識，期待，構えが影響して，知覚心像が多様な意味合いをもつ心理過程が認知である。

(a) 　　　　　　　　(b)

図 5-1　文脈と文字の認知
(a) 真ん中の文字パターンは前後の文字パターンとの関係から，見え方あるいは読み方が異なるかもしれない（Bruner & Minturn, 1955）。
(b) 読み方はカタカナ，ひらがな，漢字の 3 種類の文字の知識とその運用に依存する。

5章　認知と記憶

　認知は記憶，思考，言語といった高次の心理機能が関与して知覚事象を命名
し，分類あるいはカテゴリー化して意味づけを行い，世界の事物やその諸関係
について知識を得る働きである。認知の働きがあるお陰で，顔や音声から人物
を識別する，形や色合いの組み合わせから草花を言い当てる，同じ数字の並び
でも単位（円，グラム，メートル）を換えて金額，重量，距離に読み分けると
いった日常の精神活動が可能になる。死線をさまよう登山家が鼻をつく臭いを
感じたとき，それは単なる生物的な嗅覚ではなく，便所やキャンプ場が近くに
あり，救出されるという意味をもつ[注4]。

2. スキーマ

　認知された知覚事象が既存の文脈，知識，期待，構えと合致するとき秩序と
意味のある安定したものとなり，反対に合致しないときは不可解な出来事とし
て受け止められる。人間があらかじめ備えている文脈，知識，期待の枠組みを
スキーマ（schema）あるいは台本・スクリプト（script）と呼ぶ。食事のため
にレストランに入る客とウエイターが表す一連の行動を思い描いてみよう。客
は席を見つけてテーブルにつく（入場）。客はメニューから料理を指定し，ウ
エイターは客の注文を料理人に伝える（注文）。料理人は食材を調理し，ウエ
イターが食事をテーブルに運ぶ（料理・配膳）。客は注文した料理を確認して食
べ始める（食事）。客は食事が終わるとレジで代金を支払う。ウエイターは客
にお礼の挨拶をし，客はレストランを出る。（退場）。この入場，注文，調理・
配膳，食事，退場の5場面で展開された一連の振る舞いは，客とウエイター双
方に演出が期待される標準的なスキーマである。このスキーマに合わない振る
舞いは騒動を招くかもしれない。

注4：アンデス氷壁の「死のクレバス」から奇跡的に這い出した登山家ジョーは，骨折した
足を引きずりながら，3日間雪山をさまよった。あるとき，鼻をつく便の臭いを感じた。そ
の瞬間にベースキャンプが近いことを悟った（『死のクレバス』J. シンプソン著，2000，岩波
現代文庫）。

55

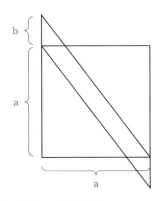

図 5-2 スキーマの変更は？
左の図は一辺 a の正方形と底辺 b の平行四辺形が重なった透視図形である。両図形の面積の和を求めたい。あなたはどうするか。

　認知のスキーマは知覚像を安定化させるが、裏返して言えば、新しい視点の発想を難しくする。たとえば、図 5-2 に示す正方形と平行四辺形が重なった透視図形の面積問題に取り組むとする。通常、言語教示された 2 つの図形の名称とイメージそして記憶から再生された面積計算の公式がスキーマとして働き、それぞれの図形の面積を計算し合算するであろう。その結果、得られた解答の面積 $a(a+b)$、これを長方形の面積に相当すると気づくであろうか。気づいたとき、正方形と平行四辺形のイメージ（スキーマ）にとらわれない新しい視点をもつことができ、眼前の透視図形はそれまでとは異なる 2 つの図形（直角三角形）の重なりとして見えてくるはずである。

　認知のスキーマ（枠組み）の多くは常識として働くため、改めて自覚する機会は少ない。あるいは自覚さえ容易でないこともある。長い歴史の中で培われてきた自国の社会文化的な活動様式（言語、儀式、挨拶、感情表現、食習慣、歴史観、ジェンダー、タブーなど）は、その人が所属する文化社会で暮らす間は疑いのない当たり前のものとして受け止められることが多い。しかし、異文化社会と出会うとき、そうした当たり前の活動様式のスキーマが他文化では通用しにくい異様で独特なものであることを知る。苦笑いは、わが国では肯定的な照れ笑いとして受容されるが、他の文化社会では皮肉な笑いとして否定的に受け止められる。

5章 認知と記憶

韓国語を学んでいた詩人でエッセイストの，茨木のり子の述懐を紹介する[注5]。茨木女史は自身の親しい韓国の友に，「あなたは日本語がとても流ちょうに話せるのね」と声をかけた。「日本の植民地であった学生時代に学ばされたので」と語る友の返事に，思わず「しまった」と自身ののんきさを悔やんだ女史。旧日本軍の植民地支配についての歴史認識の無自覚を恥じたのである。

3. 認知症と健忘

　普段の生活に支障をきたすほどではないが，記憶や認知の機能が低下する軽度の認知障害は，正常とも認知症ともいえない状態である。おおよそ半数は5年以内に認知症に移行するといわれるが，社会的交流や適度な運動などは進行を遅らせる予防効果があると期待されている。

　認知症（dementia）は，現代の高齢化社会を象徴する病態である。わが国の65歳以上の高齢者3080万人のうち，15％が認知症に罹ると推定されている（2025年に700万人の見込み）。その症状は，通常の加齢からは予想されない程度の重篤な忘却である健忘（amnesia）と認知機能の低下を主徴とし，進行性である。具体的な症状は，いつも探し物をしている，食事をしたエピソードを憶えていない，現在いる場所や曜日という時間の見当識が障害を受ける，徘徊するなどが知られている。健忘の健は，はなはだしいことを意味する。認知症は，記憶障害や見当識の障害がもとで体験する不安を和らげようとして，同じことを繰り返し尋ね，物事の段取りがうまくできない状態と考えられる。したがって本人の訴えを聴く，声をかけるという周囲の受容的な対応が，不安軽減の支援として大切になる。

　近年は，働き盛りの人に発症する若年性認知症（大脳内側部にある海馬の機能不全）も注目され，認知症は必ずしも老化に起因しないという認識が生まれて

注5：茨木のり子（1926 - 2006）は代表作「自分の感受性くらい」（1977）のなかで「自分の感受性くらい　自分で守れ　ばかものよ」と戦争で芸術・娯楽が生活から消え去った思いを謳いあげた。一般書に『ハングルへの旅』（1986，朝日新聞社）がある。

いる。若年性認知症の当人と家族が集い合って，実際に体験している不安やいろいろな思いを語り，相互に支え合う交流会が取り組まれている。

　すべての認知症者は基本的人権を享有する個人である。認知症者が社会の対等な構成員として意見表明をする機会をもち，自立した日常生活を営み，良質な保健医療と福祉サービスが享受できる共生社会を実現するとされている（認知症基本法，2023年成立）。

　病理学的に認知症はアルツハイマー型，脳血管障害型，レビー小体型が認知症全体の90％以上を占める。わが国で最も発症率が高いのは，アルツハイマー型認知症である（アルツハイマー型67％＞脳血管障害型20％＞レビー小体型5％）。アルツハイマー型は記憶障害が進行し，失語・失行・失認を経て人格全体の喪失に至る。また，脳が失われる精神疾患として知られ，脳萎縮，アセチルコリン系神経の機能低下，老人斑（高分子タンパク質βアミロイドの沈着），神経原線維の異常増殖が生じる。2022年現在，わが国で承認されている治療薬は，神経伝達物質のアセチルコリンの分解酵素の働きを阻害して症状の進行を遅らせる効能がある（アリセプト，レミニール，イクセロンパッチ・リバスタッチ）。

認知過程のモデル

　心理学は，認知を課題場面と解決行動の間に介在する内的な情報処理過程と推定している。古典的な認知モデル（Neisser, 1967）は認知過程を前注意過程と注意過程の2つに分ける。前注意過程は注意を伴わずに環境の広範囲の情報をすばやく自動処理し，入力情報の大まかな特性をとらえる。注意過程は前注意過程で処理された情報の一部分を選択して焦点化し，知覚像を形成する。思考や想起は長期記憶の情報を用いた焦点的注意過程とされる。本書では，注意（知覚），記憶，情動，ストレスと覚醒・睡眠の各章において認知モデルを紹介している。

5章 認知と記憶

4. 記憶と忘却

　あらゆる物質は記憶する特性をもつ。無機物はそれに働きかけた過去の作用を痕跡として保持する。たとえば，熱を加えた石はしばらくの間温かい。その温かさは過去の熱エネルギーの痕跡である。やがて痕跡は消失し，石は冷める。一方，人間を含む動物の記憶は，外的作用を保持し忘却するが，自発的な記憶の再生，あるいは人間においてはメタ記憶の活用や周囲の人々の助言・援助による記憶情報の回復が認知活動を支え，将来の行動を準備する。日常の正常な精神活動と自己意識の連続性は，記憶と忘却の交錯のなかで維持されている。認知症は円滑な日常生活を営むうえで記憶の重要性を示唆している。

記憶は忘却からアプローチ

　記憶は，学習した技能，知識，思考方略を，そのときの個人的なエピソード

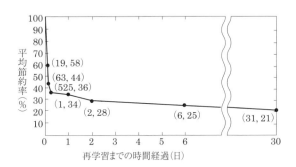

図 5-3　記憶の保持曲線
心理学者エビングハウスは自らが実験者と参加者となって，13個の無意味綴り（子音・母音・子音の綴り）のリストを記銘した。8種類のリストの記憶が完了した後（原学習），一定の時間あるいは日数をおいて同じリストを再度記憶した（再学習）。原学習と再学習に要した試行数や時間から節約率（忘却率）を下の計算式で算出し，保持曲線（忘却曲線）として描いた。図中の括弧内の数値は経過時間と節約率である。

$$節約率（\%）=\left(1-\frac{再学習}{原学習}\right)\times 100$$

や情動体験とともに蓄え，必要な時点や場所で想起する精神活動である。記憶に関する最初の心理学的研究は，19世紀後半，ドイツの心理学者エビングハウスが行った忘却に関する実験である（Ebbinghaus, 1885）。彼が用いた再学習法の手続きは，最初の原学習で覚えた無意味綴り（連想価の低い，子音・母音・子音の綴り）のリストを，一定の時間経過後に再学習し，その成績（所要時間，試行数，誤反応数）と原学習の成績との差（節約率）の時間変動を調べた。実験結果は，無意味綴りの記憶痕跡（節約率）が時間経過とともに減少する保持曲線（忘却曲線）として描かれ，記憶材料の3分の2が1日で忘れ去られることが判明した（図5-3）。エビングハウスの研究は，記憶を記銘・保持・再現の処理過程としてアプローチする方法論を提示した歴史的価値がある（2章参照）。

　記憶の検査法は，現在では再学習法のほかに再生法と再認法がある。再生法は，穴埋め問題のように問題文の空欄のなかに記銘したものを文字どおり想起し書き込む方法である。再認法は，選択問題のように提示された選択肢のなかから，以前に学習したものを選び取る方法である。保持率は一般に，再認法のほうが再生法よりも高い。

5. 記憶の分類

　エビングハウスの研究が示すように，記憶は忘却から理解される。忘却の内容，方向（過去，現在，未来），寿命（保持時間の長さ）によって，回想記憶（長期記憶），作業記憶（短期記憶），展望記憶（中間記憶）に分類される（図5-4）。

回想記憶
　これは過去に習得した知識や技能，その習得に関係した活動と感情体験などを想起する記憶である。この記憶のお陰で，自己の連続性を再確認することが容易になる。この記憶の忘却は，やったことを忘れる「やり忘れ」である。回想記憶は（1）言語知識，概念，法則，知的技能を内容とする意味記憶，（2）スポーツ，演奏，機器操作などの技能や操作手順や習慣を内容とする手続き記

5章　認知と記憶

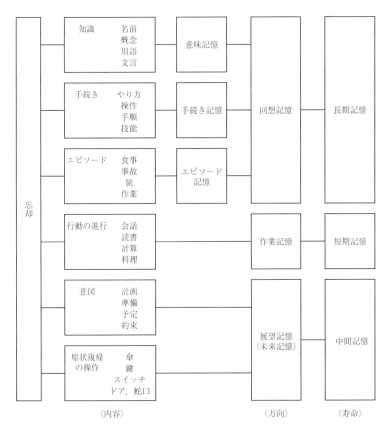

図 5-4　記憶の分類
記憶は忘却の内容,方向(過去,現在,未来),寿命(保持時間)の点から分類される。

憶,(3) 時間や場所,あるいは感情を伴う個人の日常体験を内容とするエピソード記憶に分類される。これらの回想記憶の内容は,長い年月をかけて学習し蓄積されたものであることから,寿命の長い長期記憶に分類される。

作業記憶（ワーキングメモリ）

　これは現在進行している会話,読書,計算,料理などを円滑に進めるうえで不可欠な記憶である。作業記憶は,そのときどきの課題や作業を符号化する一

61

方で，長期記憶の情報を一時的に呼び戻して利用する。筆算を行う場面では，長期記憶に保存されている四則演算の手順を基礎にして，桁上がりを作業記憶に一時保管し，次の桁の計算に利用する。会話や読書は，長期記憶に蓄えられた名前や概念などの知識を背景に，目の前で現れては消えてゆく音声や文字パターンから，必要な情報を即座に符号化して蓄える。作業記憶は情報の取捨選択を頻繁に行うため，寿命の短い短期記憶に分類される（通常，一言一句を憶えてはいない）。

展望記憶

これは予定，約束，計画さらに原状復帰操作（将来の再利用に備えて，たとえば開けた蛇口を閉める行為）など，未来の活動や事象に関わる記憶である。展望記憶は，将来の適切な時期に「やるべきこと」を想起させる。展望記憶の忘却はやるべきことができていないという意味で，「し忘れ」の自覚である。やったことが思い出せない回想記憶の「やり忘れ」とは異なる。たとえば，醤油を取りに席を立ち，台所に行きかけた母親は，たまたま TV ニュースに気をとられて見入り，ニュースが終わると元の席に戻りかけた。そのとき，「お母さん，醤油は」と家族の声で我に返り，急いで台所に向かった。「し忘れ」の自覚である。展望記憶のお陰で明日への予定，意図あるいは期待をもって現在の自己を意識し，現実の活動を円滑に進めることができる。本書では展望記憶を中間記憶としている。

6. 記憶の貯蔵庫モデル

記憶過程は，図5-5の記憶の貯蔵庫モデルに示すように，記憶情報の保持時間（寿命）と記憶容量がそれぞれ異なる感覚記憶，短期記憶，長期記憶の3つの記憶過程が直列に配置された情報処理過程として図式化される。

5章 認知と記憶

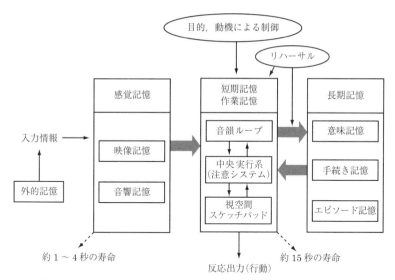

図 5-5 記憶の貯蔵庫モデル
記憶の貯蔵庫モデルは感覚記憶，短期記憶，長期記憶が直列に並んだ情報処理システムである。長期記憶と短期記憶は情報を相互にやりとりする。動機，注意，リハーサルなどの心理過程は短期記憶に必要である。外的記憶はメモや記録などを活用するメタ記憶を表す。

感覚記憶

　感覚記憶は，記銘の初期段階に位置づけられる。感覚情報を映像や音響のまま保持するレジスター機構である。その寿命は非常に短く，視覚では1秒未満，聴覚では4秒未満で情報が消失する。

短期記憶

　短期記憶（あるいは作業記憶）は，感覚記憶の情報を選択的に抽出して貯蔵し，感覚表象を言語音声へ符号化する。これと並行して長期記憶の情報を当座に使用するため一時的に保存する。短期記憶には符号化を担う2つの下位システムがある（Baddeley, 1986）。1つは音声に基づく情報を取り扱う音韻ループ，もう1つは視覚でとらえた空間情報を一時的に貯蔵する視空間スケッチパッド（あるいはスクラッチパッド）である。その働きを，注意システムの中央実行系

が管理・制御する。短期記憶に入る情報は，一定のまとまり（チャンク）に分節して貯蔵される。いちどきに貯蔵できる容量は7±2チャンク（不思議な数7）である。「たんききおく」をこのまま符号化すると6チャンクであるが，「短期」と「記憶」の二字熟語にまとめると2チャンクに減り，記憶しやすくなる。後述のメタ記憶で述べるように，チャンク単位の符号化は記銘と再生を改善する。保持時間は15秒ほどの寿命であるが，声に出して繰り返す維持リハーサルで保持が向上する。

長期記憶

　短期記憶内の情報（会話，読書，演算，旅行などの情報）は，長期記憶に意味記憶，手続き記憶あるいはエピソード記憶として蓄えられる。情動的ショックが強い大災害や事故などのような出来事は，1回の体験でも長期記憶に残る可能性がある（フラッシュバルブ記憶）。長期記憶に蓄えられる容量は無尽蔵で，永続性があり，記憶情報はネットワークを形成し，連想によって想起し再現される。長期記憶の活性化には，短期記憶内の情報（項目）同士の連合や意味づけによる精緻化リハーサルあるいはメタ記憶の活用が有効である。短期記憶が現実の時間に縛られた記憶過程とすれば，長期記憶は現実時間を超えた，意味空間的構造上の記憶過程である。

7. 記憶の改善とメタ記憶

　忘却の現れ方は多様で，記銘・保持・再生の過程で生じる。喉もとまで出かかっているのに名前が言えない検索不能，憶えようとしても憶えにくい記銘不能，憶えた内容が別の似たものに変容する保持不全，過去に憶えた漢字や公式が思い出せない再現不能などがある。忘却のリスクを減らすために記憶についての知識をもち，それを記憶の改善に利用することをメタ記憶という。たとえば，記憶の貯蔵庫モデル（図5-5）の目的と動機づけの明瞭さと強さ，リハーサルの活用は記憶を改善する重要な要因である。中途で止めた仕事は，完了し

た仕事に比べると気がかりな動機づけが強まるので忘れにくい。また，メモや場所などの外的記憶の利用は，日常生活でしばしば行われている。翌日の仕事や約束を忘れないようにメモする，衣服や用具あるいは貴重品などは所定の場所（タンス，台所，金庫など）に保管する。さらに，年号を語呂合わせで憶える記憶術は，歴史の学習材料のイメージ化と定着の向上に有効である。1つのストーリーをつくる物語化は，歴史上の出来事を連合し関係づけて記憶する助けとなる。学習後の適切な睡眠も，記憶を改善する効果がある（本章のコラム参照）。

　短期記憶の容量は小さいが，チャンク単位で取り込むと長い情報も要領よく憶えられる。平安時代に生まれた「仮名手習い歌」を紹介する。手習い歌は「いろは仮名」47文字を書く練習の手本として広く使用された（作者不明）。聴覚的な印象を残しやすい七五調の韻文と8チャンクの語呂合わせで構成されている。

「いろは仮名」の8チャンク

　いろはにほへと　ちりぬるを　わかよたれそ　つねならむ　うゐのおくやまけふこえて　あさきゆめみし　ゑひもせす

「仮名手習い歌」の漢字かな混じりの表記

　色は匂へど　散りぬるを　我が世誰ぞ　常ならん　有為の奥山　今日越えて浅き夢見じ　酔ひもせず

長期記憶の忘却説

　長期記憶の忘却がなぜ起こるのかについては，次のように諸説ある。(1) 衰退説：記憶痕跡はエビングハウスの保持曲線が示すように，時間経過とともに減衰して想起されにくくなる。(2) 抑圧説：精神的な不快や苦痛を伴う事象は，無意識の世界に抑圧されて再現が困難になる。(3) 検索失敗説：「喉もとまで出かかっている」が，ヒント（手がかり）が欠如していることで再現できない。(4) 干渉説：学習後に徹夜や断眠をすると，その間の精神作業が干渉して学習

の記憶固定を妨げ，再現が悪化する（逆向抑制）。(1) と (2) の説は長期記憶内に抑圧機序の存在を想定させ，(3) と (4) の説は短期記憶との入出力のトラブルを示唆している。

8. 記憶と認知の神経生理学的機序

心理学には古くから，人間や動物の経験は脳内に何らかの物質の形で蓄積されるという記憶痕跡（エングラム：engram）の考えがある。記憶に関与する重要な脳部位は大脳皮質とその内側部である。それらの部位が損傷すると，重篤な忘却や失認などの障害が生じることが知られている。

大脳皮質連合野と記憶

高次の精神機能を営む大脳皮質の連合野は，運動皮質の前方にある前頭連合野，後頭葉の前方で腹側に位置する側頭連合野，そして後頭葉の前方で体性感覚野の後方に位置する頭頂連合野，および後頭葉にある後頭連合野に分けられる（3章の図3-1参照）。前頭連合野は人間で最も発達した脳領野で皮質の3分の1を占め，作業記憶に関与する。頭頂連合野はイメージ操作，暗算など高次の認知に関与し，その損傷は失認や失行を招く。失認は触れた品物が何かわからない症状であり，失行は紙を折って封筒に入れるという順序だった行為ができない症状である。側頭連合野の損傷は顔などが認識できない失認症をもたらす。顔の表情を認識する特異的な細胞群（おばあさん細胞）がサルの大脳皮質側頭葉の下側頭野（視覚系の一部）に推定されている（Rolls, 1984; Gross, 2002）。顔という複雑な形態情報を符号化する機構が下側頭野に存在する可能性を示唆している。

パペッツ回路と記憶

大脳皮質側頭葉の内側部に，記憶の基本的な神経回路である大脳辺縁系がある。それは海馬・脳弓・乳頭体・視床前核・帯状回・海馬傍回と呼ばれる一連

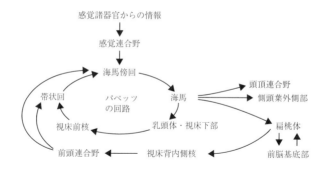

図 5-6　記憶を司るパペッツ回路と周辺の脳領域における伝達路（古川・川崎・福田, 1998）
パペッツ回路は記憶の入り口として重要な脳構造とされ，海馬を介して長期記憶に関与する側頭葉・頭頂連合野・間脳と連絡している。

の部位から構成された閉鎖回路で，大脳皮質の連合野と密接に連絡している（図5-6）。この神経回路はパペッツ回路と呼ばれ，情動との関係も指摘される。感動した事柄が記憶に残るという日常体験を裏付けているかもしれない。パペッツ回路は，新しい記憶の形成において重要な役割を果たすとされ，感覚連合野から受け取られた情報がこの回路の中を駆け巡り（記憶の形成），その安定した情報が海馬から側頭葉や頭頂連合野に送られて，長期記憶に貯蔵されると想定されている。

　パペッツ回路の損傷に起因する健忘症の臨床例が知られている。患者名H.M.の脳症例は，抗けいれん薬の効果がなかったため，27歳のときにてんかん発作（大発作）の病巣がある内側側頭葉の海馬が両側性に切除された（1953年）。術後，知能と性格および短期記憶は正常であったが，長期記憶がひどく悪化した。記憶の再認テストで「これは○○さんですか」と具体的な人物名で問いかけ，「はい，いいえ，わからない」の3件法で回答を求めると，術前の古い人物はある程度再認できるが，術後の新しい人物の再認が難しく，重篤な前向性健忘を示した（図5-7）。鏡映描写学習[注6]の運動技能は再生できるので

注6：鏡映描写学習は鏡に映し出された曲がり角の多い細いコースを出発点から終点まで鉛筆でたどり，練習を重ねると逸脱数が減り，作業時間が短縮する。

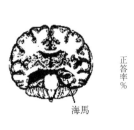
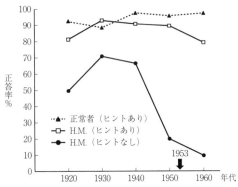

図5-7 患者名H.M.の脳症例(内側側頭葉の切除)と記憶テストの成績
(Milner, 1971を一部改変)
患者H.M.は1953年，てんかん発作の病巣がある海馬を両側性に切除された。術後の再認テストは顕著な前向性健忘を示した（H.M.ヒントなし）。

手続き記憶は健在であったが，その技能をいつどこでどのように習得したのかは想起できず，エピソード記憶の欠落が認められた。そのため日常生活の連続性と現実感が希薄化していた。

海馬の長期増強と場所細胞

海馬は系統発生的に古い神経構造で，側頭葉内側部の下方に位置する。外形がタツノオトシゴに似ていることからその名称がある。海馬は，H.M.症例から記憶の形成に不可欠な脳構造とされるが，機能的にも長期記憶の生理学的基礎と推定される長期増強反応を示す。海馬に入る神経繊維（貫通線維）を15Hzの高頻度で10秒間反復して電気刺激すると，数時間あるいは十数週間にわたってスパイクの振幅増大が持続する長期増強の反応が現れる（Bliss & Lømo,1973)。この長期増強の反応を抑制すると，水迷路[注7]の場所記憶が悪化する。特定の場所を通過するときに活動する「場所細胞」が海馬で発見されて

注7：水迷路を学習するラットは，プール内に設置された避難用プラットホームの場所とそこにたどり着く水路を憶える。

いる（その功績により O' Keefe, J. は 2014 年にノーベル生理学・医学賞を受賞）。

コラム ● 記憶の固定化に睡眠が大切

　　睡眠と記憶の関係を調べた初期の実験研究（Jenkins & Dallenbach, 1924）は，2 人の実験参加者に 10 個の無意味綴りの系列を記憶させ，その後で睡眠をとる条件と，同じ時間起きている条件で忘却の程度を比較した。記憶材料の保持数は，睡眠条件では 8 時間後のテストでも 5 個以上と高いが，覚醒条件では 1 個程度にまで減少した。睡眠中は覚醒時のように外的刺激による妨害（干渉）が少ないため，記憶が固定化されやすいと考えられる。近年，手続き記憶が睡眠によって向上することが，視覚弁別や運動反応を用いた研究で実証されている。

設問　回想記憶と展望記憶の差異を説明しなさい。

設問　認知症の特徴を整理しなさい。

6章

行動と学習

I. 行動

　行動（behavior）は現代心理学の重要な基礎的概念である。行動は，遺伝的に決定された反射プログラムに従って遂行される生得的行動（本能行動）と，生後の経験によって新たに形成される後天的行動（学習行動）の複合体である。行動は個人（個体）と環境の相互作用の産物であり，その発生には欲求（動因）とそれを充足する環境条件（誘因）が必要である。人間や生物の行動は，欲求を充足する対象（目標）を探し，それに接近あるいはそれを回避する形で現れる。その結果はフィードバックされ，欲求の充足の大きさに応じて遂行が修正される。

　一方で，行動は個人（個体）の意図を超えた効果を環境にもたらす。たとえば，人の食事は食糧の生産・流通・販売・廃棄物処理の諸過程を社会に形成し，蜂や蝶の花蜜を求める行動は植物の受粉を促す。

本能行動と臨界期

　本能行動は生得的な反射から構成され，かつ後天的に修飾される。仔ガモの後追い行動は本能行動であるが，生後間もない時期の体験に依存して後追いの対象は変化する。カルガモのひな鳥は，孵化直後の十数時間の間に初めて出会った動くものを，それが親鳥であれ人間や人形であれ，追随する。後追い行

動の特徴は動物行動学[注8]が実証したインプリンティング（刷り込み）の表れであり，対象の形象が誕生直後の一度の作用で長期記憶されるためとされる（Hess, 1973）。特定の動物種がその種の一員となるには，発達初期に必要な経験をしなければならない重要な時期，いわゆる臨界期と呼ばれるものがある。カルガモの後追い行動の臨界期は，孵化直後の 13 ～ 16 時間である。

　人間の言語学習について，その完璧な習得には最適な年齢があるとする臨界期仮説がしばしば論じられる。この仮説は第二言語（外国語）の早期学習を擁護するものであるが，異論もある。しかし母語の習得に臨界期があるかどうかは不明である。乳幼児の喃語（赤ちゃんコトバ）は母語の母音と子音の発声と音声識別の基礎をつくると考えられ，その意味で生後 1 年は母語の形成に重要な時期と言える。しかし，喃語は周囲の大切な人々との交流の影響を強く受けることが知られており，さらに母語の形成には幼児期以降の複雑な発達プロセスがある（11 章のコトバの発達参照）。

定位探索行動と能動性

　未知の不慣れな環境に置かれた人間や動物は能動的に行動する。五感の感度を上昇させて周囲を探り，欲求を充足させる対象を求めてあちらこちらと移動する。未知の対象（新奇刺激）に対する最初の応答は定位探索行動，あるいは「おやなんだ反応」と呼ばれ，対象への接近，身体の回転（振り向き），耳のそばだて，フリージング（身を固くする行為）などの形で現れる。定位探索行動は，目標を見出すことに成功することもあれば失敗することもあるが，いずれも環境情報を記憶する機会を提供する。その意味で無駄な行動ではない。定位探索行動は学習の成立に不可欠である。

直立歩行と手の形成

　人間の乳児は生来的な反射機序で足踏みをするが，やがて首が据わり座位の

注 8：動物行動学は 1973 年にノーベル生理学・医学賞を受賞した。『ソロモンの指環：動物行動学入門』（K. ローレンツ著，1975，早川書房）は一般向け図書である。

姿勢が確立すると，随意的につかまり立ちをし，一定方向に移動する歩行運動を始める。歩行の開始とともに視野が拡大し，前肢が解放される。解放された前肢は細かな操作を可能にする手に転化する。直立歩行と手の獲得は，衣服の着脱，食事のマナー，書字・描画，道具の製作，機器の操作など，人間らしい多種多様な社会的活動の習得（学習）を可能にする。

学習と適応行動

人間と動物を取り巻く外的環境は不断に変化しており，その変化の程度は遺伝情報（ゲノム）に基づいた生得的な本能行動によって適応できる範囲に必ずしも収まらず，ときには生存を危うくすることさえある。そのため，より高い水準の適応行動が生存に必要になる。高水準の適応行動は，個独自の経験をとおして後天的に獲得される行動で，いわゆる学習によって形成される行動である。人間の習慣化した行動様式や技能あるいは知識は，数多くの失敗と成功の経験をとおして獲得された学習の成果である。

学習（learning）とは，経験の結果生じる比較的永続的な行動の変容過程であり，成熟，疲労あるいは薬物による一時的な行動の変化を含まない。学習された行動，技能，知識は長期記憶に保存される（5章参照）。

2. 行動科学としての心理学

「こころ」を理解する対象として，行動を位置づけたのは行動主義心理学である。ワトソンは，「行動主義者の見た心理学は純粋に客観的で実験的な自然科学の一部門であり，その理論的な目標は行動を予測し制御することにある。内観はその方法の本質的な部分を形成しない。」と宣言した（Watson, 1913）。そうした客観主義の心理学が登場した背景には，動物の行動を第三者の視点から観察し解釈するモーガンの公準，刺激と反応の結合により条件反射を形成する条件反射学（高次神経活動の生理学）の影響がある（2章参照）。行動科学としての心理学は，行動の学習を主要なテーマとして2つのモデル，刺激－反応モ

デルと刺激−生体−反応モデルを提示している。

3. 刺激−反応モデル（S-Rモデル）

この学習モデルは，それ以前の連合心理学が主張した観念の連合（たとえばタブラ・ラーサを説くロックの経験論）ではなく，特定の環境刺激（S）と特定の反応（R）の連合を重視する。その連合は一定の環境条件と特定の行動の結合（学習）であり，報酬や罰によって強化する条件づけ（conditioning）で実現できるとされる。その代表が試行錯誤型学習である。

試行錯誤型学習

アメリカの心理学者ソーンダイク（Thorndike, E. L.）は，動物の知能を刺激と反応の連合によって検証した。彼は，止め金やヒモなどに触れると扉が開く仕掛け箱（問題箱）を自作し，その中に入れられた空腹のネコの脱出行動を観察した。ネコはしばらくの間さまざまな反応をでたらめに繰り返していたが，

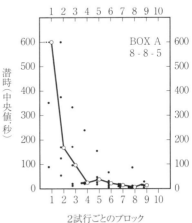

図6-1　**試行錯誤型学習と学習曲線**（いずれもImada & Imada, 1983）
ソーンダイクの問題箱（左）に入れられたネコは，試行を重ねるにつれて速やかに脱出する。右図の学習曲線の白丸は中央値，黒点は実測値である。右のグラフは，左のBox Aの装置を用いた実験結果である。

身体の一部が仕掛けに偶然に触れて脱出に成功し，餌（報酬）で空腹を満たした。脱出の成功と失敗を繰り返す試行錯誤の過程で役に立たない行動が抑制され，脱出時間（潜時）は不規則に変動しながら次第に短縮した。その結果は，学習曲線として描かれた（図6-1）。この試行錯誤型学習は，練習（繰り返し），効果（餌による強化と満足），接近（強化のタイミング）を主要な原理とし，強化されない不用な反応が消え（消去の手続き），強化による満足と結びつく有益な反応のみが練習によって定着することで環境への適応行動が形成されると定式化された（Thorndike, 1911）。ソーンダイクは，試行錯誤型学習の説明に神経生理学的な基礎を想定したとされるが，現象の確認にとどまった。

情動反応の条件づけ

　恐怖は生まれながら備えているが，何を怖がるのかは生後の経験によって決まることを，ワトソンらは条件づけの方法で実証しようとした（Watson & Rayner, 1920）。生後9ヵ月のアルバート坊やが白ネズミに手を伸ばして遊び始めると，その耳もとで金棒が強く叩かれた。その大きな音に驚いたアルバートは逃げて泣き出した。その恐怖体験を繰り返し体験したアルバートは，やがて白ネズミに近づかなくなり，見ただけで泣き出した（回避行動）。しかも白いものであれば，動物にも事物にも恐怖を示した（反応の汎化）。ワトソンらの実験は恐怖の条件づけの可能性を示すが，環境条件を整えれば，さまざまな種類の人間を自由に育てることができるというプラグマティズムな環境主義と楽天的な経験論が反映された実験である（本章のコラム参照）。現代では，この種類の実験は倫理的観点（参加者の同意，人権，安全等）から認められない。

条件反射学と行動主義心理学

　行動主義心理学の条件づけは，イヌにベル音（無関刺激）と唾液分泌を引き起こす餌（無条件刺激）をほぼ同時に対提示する条件反射の形成手続きを援用している。しかし，条件反射学が目的とする，大脳における神経結合（一時結合）には関心を払わなかった。結果として，適応行動の環境主義に終始した。

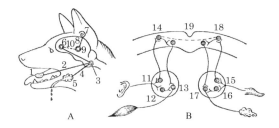

図6-2 イヌの唾液分泌条件反射の一時結合の形成を示す模式図（コーガン，1964）
A：唾液分泌反射の皮質代表部の細胞（6）と，皮質の聴覚分析器の細胞（9）との間で一時結合（10）が形成される。B：唾液分泌の聴覚条件反射弓（11，14，18，17）は，皮質下の聴覚無条件反射弓（11，12，13）と皮質下の唾液分泌無条件反射弓（15，16，17）との間で形成される一時結合（19）である。

条件反射は，本来の唾液分泌（無条件反射）と無関係なベル音が新たな唾液分泌（条件反射）を引き起こす信号（条件刺激）として作用することを意味し，生理学的には，聴覚と唾液分泌を司る大脳の中枢間に形成される神経結合（一時結合）に基づいた反応である（図6-2）。

4. 刺激－生体－反応モデル（S-O-Rモデル）

　新行動主義心理学は，行動主義心理学の極端な環境主義に異を唱え，捨象された「こころ」の復権を意図して，刺激－生体－反応モデルを提示した。一定の環境（S：独立変数）において生体が示す適応行動（R：従属変数）は，心理過程（O：仲介変数）を介して遂行されると説明する。仲介変数を環境刺激に対する心理的な応答特性と考えれば，その生理学的対件として脳活動にアプローチする可能性を示すモデルとなる。以下に，代表的な仲介変数を紹介する。

洞察
　天井から吊り下がっているバナナが欲しくて飛び上がる，手を伸ばす，叫ぶといった行動を繰り返したサル（類人猿）は，そうした効果のない行動を一時中断し，暫く部屋の中にある箱で遊び，その間に箱とバナナを見比べる行動を

図6-3 「洞察」類人猿の知恵試験（Köhler, 1925）
箱を積み上げるという遠回りに気づくとき（洞察），バナナを手にした。

した。突如，サルは何かに気づいたように（人であれば，「あっ！」と叫ぶ），バナナの下に箱を運び，箱に飛び乗り手を伸ばした。しかし手はバナナに届かなかった。やがて別の箱を積み上げ，積み重なった箱を登り，手を伸ばしてバナナをつかむことができた。箱の積み上げは遠回りな行動であるが，「急がば回れ」のごとく，目標を達成する近道であった（図6-3）。

　学習は刺激と反応の直接的な連合によるのではなく，箱を踏み台にするという視空間構造の布置の再編（洞察，見通し）を介して成立する。洞察はゲシュタルト心理学（2章参照）の代表的な学習説である（Köhler, 1925）。

認知地図

　試行錯誤型の迷路学習は，認知地図（「こころ」の地図）の形成によって改善する。これを実証する動物実験が強化条件の異なる3グループのラットを用いて実施された（図6-4）。グループⅠはゴールに着くたびに報酬の餌で強化された（統制群）。グループⅡは実験開始から7日目に，グループⅢは3日目にそれぞれ初めて強化された（実験群）。迷路の袋小路に入る誤反応を調べると，統制群の誤反応は実験日を経るにつれて徐々に減少した（試行錯誤型学習）。実験群の誤反応は餌が与えられた翌日から急減し，一両日で統制群の水準に達した。

　実験群の成績の改善は，餌が与えられない無報酬の期間に，迷路を探索して袋小路の「認知地図」を潜在学習した結果と解釈された（Tolman, 1948）。潜在学習は，練習と強化の原理では説明しつくせない学習様式であり，遊び時間の重要性を示唆している。

6章　行動と学習

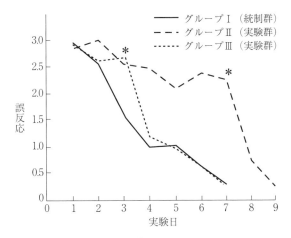

図 6-4　認知地図（潜在学習）（Tolman, 1948）
迷路学習中，ゴールに着いても約2時間の間，餌が与えられないまま過ごした実験群のラットは，餌が与えられた翌日（図の*）から誤反応（袋小路に入る反応）が急減し，一両日で統制群の水準に達した。無報酬の期間に探索行動によって迷路の地図を潜在学習した。

動機づけ

　目的に向かう適応行動を駆動し，活性化する作用を動機づけという。動機づけには動因と誘因がある。動因（ドライブ）は，空腹や渇きなどの欲求を満たす行動を外に押し出す内発的な作用である。誘因（インセンティブ）は，食べ物や賞のように，行動を引き出す外発的な作用（報酬）である。試行錯誤型学習の適応行動の反応ポテンシャル（sEr）は，下に示すように，動因や誘因などの複合的な構成概念を変数とする関数で記述される（Hull, 1943）。それは反応ポテンシャル sEr が習慣強度 sHr（強化回数の指数関数），動因 D，誘因 K そして刺激強度 V の非線形的な作用として表出されることを意味し，ソーンダイクの練習と効果の原理に動因低減の原理を組み合わせている。

$$sEr = f(sHr \times D \times K \times V)$$

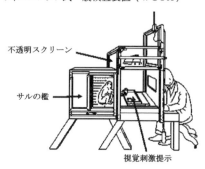 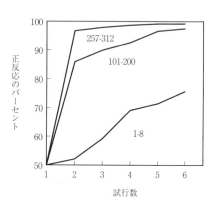

図 6-5　学習の構え（Harlow, 1949）
左図は，ウィスコンシン式一般検査装置を用いたサルの視覚弁別学習の実験場面で，344 種類の対刺激（たとえば球形と立方体）の弁別を，一対について 6 試行以上実施した。右図の学習曲線は最初の課題（1〜8 題）では反応率が 50% から徐々に上昇する試行錯誤型の学習であるが，弁別課題を 101〜312 と解き進むと，第 2 試行の正反応率が飛躍的に上昇した。

学習の構え

　霊長類（サル）は，類似の問題を数多く解くことを経験すると，解き方（方略）を会得し，それに依拠して学習成績が向上する。その方略は学習の構えと呼ばれ，高次の思考過程の存在を示している。サルの眼前に黒と白で塗り分けられた球形と立方体，あるいは同じ形をした白黒の十字形など多種類の図形を対提示し，色を手がかりに「正しい」図形を選ぶ色形問題を用いた視覚弁別学習の実験が行われた（Harlow, 1949）。サルは，正しい図形を選択すると報酬（レーズン，ピーナッツ）で強化された。弁別学習の第 1 試行は，どちらが「正しい」図形であるかは見当がつかないため，正反応は 50% である。続く第 2 試行は，第 1 試行の結果（正誤）に基づいて選択を行えば，誤反応は少ないはずである。実験の結果，課題を 100 以上繰り返すと，第 2 試行の正反応率は急激に上昇し，最終の弁別課題では 95% を超えた（図 6-5）。

オペラント行動と強化スケジュール

　バー押しあるいはキー押しで餌粒が出るスキナー箱は心理学者スキナー

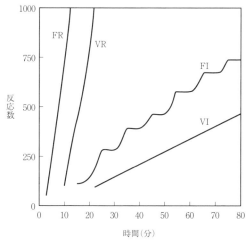

スキナー箱の中のハト

図 6-6 強化スケジュールとハトのキーつつき反応数の変化
(Skinner, 1958；磯貝・藤田・森，1978 より一部改変)
FR：キーつつき反応が一定回数起こると強化する定率強化，VR：その回数が変動する変率強化，FI：反応から一定時間後に強化する定間隔強化，VI：その時間間隔が変動する変間隔強化。FR と VR は反応数が非急増する。FI は強化時点に近づくと反応が増える。記録線から右下に小さくとび出したマークは強化時点を示す。

(Skinner, B. F.) が考案した仕掛け箱である。その箱に入れられた空腹のラットやハトは，いろいろな自発的な反応（オペラント行動）を試行錯誤的に示すが，やがて強化された前肢のバー押し反応，あるいは嘴のキーつつき反応のみを優勢的に行うようになる（シェーピング）。スキナーは，特定のオペラント行動のみを部分的に強化する強化スケジュールを考案して，行動パターンの制御を試みた（図 6-6）。たとえば，特定の反応が 50 回現れると 1 回強化する定率強化（FR），および平均 50 回の反応に 1 回強化する変率強化（VR）のスケジュールを用いると，反応が速やかに形成され消去しにくい。人間の出来高払いの仕事に似ている。特定の反応が行われて一定時間後に強化する定間隔強化（FI）スケジュールでは，強化時点が近づくと反応が増え，その後は反応しない行動パターンが形成される。月給・週給で働く人間像を連想させる。

強化スケジュールは，ティーチングマシンによるプログラム学習に応用され

ている。プログラム学習は教授学習技法CAI（computer-assisted instruction）の原型で，次の5つの原理から構成される。①出発から最終目標までを小さな下位目標に分けて，その1つ1つを誤りなく修得する漸次的接近法（シェーピング），②学習者が自ら行う積極的反応（オペラント行動），③行動結果のフィードバックによる即時確認，④学習者ペース，⑤プログラムを改善する学習者検証である（Skinner, 1958）。

TOTE

刺激－反応の試行錯誤型学習において有用な行動形成に，サイバネティカルな比較照合処理TOTEの介在が想定されている（Miller, Galanter & Pribram, 1960）。TOTEは行為の実行プログラムで，外部情報と内部情報をフィードバックループで連結する「テスト－操作－テスト－終了（Test-Operate-Test-Exit）」という4つの処理相から成る。前述の洞察実験を例に説明すると，テスト相で望ましい目標（バナナの獲得）と現実の行動（飛びつき）を比較する。目標の未達成（内外情報の不一致）を確認すると，操作相に移って現実の行動を更新する（箱運び）。その結果をテスト相に戻して目標と比較し，それでも目標が達成されない場合は操作相に再度移って行動を更新する（箱の積み上げ）。目標達成が確認されるまでテスト相と操作相の間でフィードバックループを繰り返し，目標達成を確認するとループは終了する。

5. 人間の学習

人間の学習は，その基礎に動物と共通する練習，強化，接近，動機づけ，学習の構えなどがあるが，さらに社会的動機づけ，他者の行動観察，言語によるプログラミング機能が関与している。

社会的動機づけによる学習

人間の学習に関与する動機づけは，生物学的な欲求（空腹や渇き）を充足す

るホメオスタシス性動機づけ（内部環境の恒常性の維持）よりも，社会的な非ホメオスタシス性動機づけのほうが強く影響する。社会的動機づけは内発的動機づけ，達成動機づけ，そして外発的動機づけに分類される（7章参照）。食事は空腹感（血糖値の低下）で動機づけられるが，家族の絆や仲間との親交を深める動機づけの優先順位が高い（達成動機づけ）。当初は不慣れなコンピューターやスマートフォンも，社会的な必要性から使用する過程で機器の操作や仕組みそのものに興味が湧いて習熟する（内発的動機づけ）。スポーツは心身の健康が一次的な動機づけであるが，やがて公式の競技大会の選手として出場し勝利をめざす目標が明確になることで強く動機づけられて技能が上達する（外発的動機づけ）。学校教育の学習はこうした3つの動機づけを計画的に組み合わせることで成立している。

観察学習と代理強化

　人間の行動は，他者の行動を見聞きする観察学習によって形成される。学習者は他者（モデル）の振る舞いを観察するだけでなく，モデルの行動が招く強化事態（賞賛，叱責など）も観察している。その強化事態は学習者の行動を間接的に強化することから，代理強化と呼ばれる。観察学習は他者の行動の観察と代理強化によって，特定の行動を獲得する社会的な学習である。また，他者が学習のモデルとなるという意味でモデリング（modelling）とも呼ばれる。

　攻撃行動の形成と観察学習の関係は子どもで研究されている。攻撃は，個人的な言い争いや家庭内暴力から国家間の戦争に至るまで，多くの社会病理の根源に横たわる問題であり，心理学で最も研究されるテーマの1つである。子どもの攻撃行動に関するバンデューラらの実験（Bandura & Walters, 1963；Bandura, 1965）によると，幼児（保育園児，平均4歳3ヵ月）を3グループに分け，モデル役の女性がゴム人形ボボに対して身体攻撃（投げる，殴る，馬乗り，放り投げ）を行い，コトバによる悪態をつく映画を見せた。その映画の最後に第1グループの幼児ではモデルを褒める正強化の場面，第2グループではモデルを罰する負強化の場面，第3グループでは無強化のランダム模様の場面が現

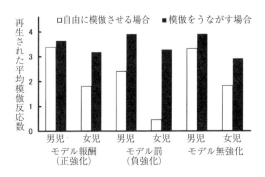

図6-7 幼児の攻撃行動の観察学習と代理強化（Bandura & Walters, 1963；Bandura, 1965）
幼児に，モデル役の女性がゴム人形ボボを殴る蹴る，悪態をつく映画を見せる。映画の最後に，第1群の幼児はモデルを褒める場面（正強化），第2群の幼児はモデルを罰する場面（負強化），第3群の幼児はランダム模様の場面（無強化）を見た。映画終了後，幼児たちはゴム人形ボボや玩具のある部屋で自由に遊ぶことが許された。グラフはそのときに現れた攻撃行動である。

れた。映画を見終わった幼児は，ゴム人形ボボやいろいろな玩具のある部屋に通されて自由に遊ぶ時間が与えられた。その間の幼児たちの行動が観察された（誘因なし条件）。

実験の結果は図6-7に示すように，幼児の攻撃行動はモデルの代理強化の影響を受けて変化し，男児のほうが女児より多く現れた。模倣される行動の種類は男女差があり，身体攻撃は男子に多く，コトバによる攻撃は女子に多くみられた。正の強化と無強化のグループは，男女とも負の強化グループより攻撃行動が多く，無強化の見せっぱなし（放任）が攻撃行動を助長するリスクを示唆している。女子の攻撃行動は，負の強化グループでさらに強く抑制された。しかしモデルの行動を模倣するように促すと（誘因あり条件），3グループの幼児は男女ともに攻撃行動が増えた。

バンデューラの研究は，モデルとなるおとな社会（暴力を伝えるメディア）の観察をとおして，子どもが攻撃性を形成し強める潜在性を示し，従来の本能説や欲求不満説に代わって攻撃行動の社会的学習説を提唱している。なお，実験で観察された幼児の攻撃性については，日常生活にまで波及する効果があるとすれば研究倫理上の点から検討する必要があるかもしれない。

言語の行動調整機能

　動物も音声に反応するが，人間のようにコトバの意味を理解して振る舞うのかどうかは疑問がある（2章の賢いハンス参照）。人間のコトバには2種類の機能がある。1つはコミュニケーションに使用される話し聞くコトバ（外言）により，人と人との精神間機能を担う。もう1つは当人のみがわかる音声のないコトバ（内言）により，思考に参画する精神内機能を担う（10章参照）。

　他者の外言で指示された教示（「～しなさい」という提示）に従って行動ができるのは，聞き手が教示内容を内言に置き換え，その意味に沿って行動のプログラミングを内的に形成するためと考えられる。これは「言語の行動調整」と呼ばれ，大脳の前頭葉の前頭連合野が関与すると推定される。教示が内言へ変換ができない発達段階では，外言のインパクト（強く大きな声）が影響し，適応行動を左右する。ルリヤ（Лурия, 1957）の分化反応の形成実験は，そのことを実証している（図6-8）。

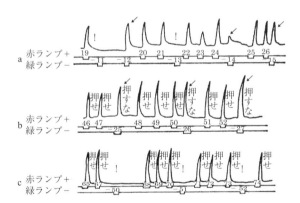

図6-8　言語教示による随意行動のプログラミング（Лурия, 1957；松野・関口, 1969 より作成）
3歳2ヵ月の幼児に「赤ランプがついたら手もとのスイッチを押します。緑ランプがついたときは押しません」と言語教示する。ゴム球バルブ押しによる分化反応（弁別）の形成は難しく，インパルスの影響が確認された。
a：赤緑のランプに対して黙って分化反応を行う実験
b：赤緑のランプに自己教示のコトバを伴わせて分化反応を行う実験
c：緑のランプに対して黙ったままで分化反応を行う実験
ランプ刺激の数字は提示回数，符号は正刺激と負刺激の区別を示す。

3歳2ヵ月の幼児に「赤ランプがついたら手もとのスイッチを押します。緑ランプがついたらスイッチを押しません」と言語教示を与えた。実験当初，幼児は赤ランプと同様に緑のランプ（12，14，16）にもスイッチを押した（a）。次に赤ランプの点灯には子ども自身が「押せ」と発声し，緑ランプの点灯には「押すな」と発声する自己教示法を用いた。結果はスイッチ押し反応が両ランプに強く現れ，分化反応の形成は失敗した（b）。そこで自己教示の一部を変更し，赤ランプの点灯時に「押せ」と発声し，緑ランプの点灯には無言のままでいるように手続きを変更した。結果は赤ランプのみにスイッチを押す分化反応が観察された（c）。これは，緑ランプに対し外言のインパクトが影響しないことから生じた見かけ上の分化反応である。この年齢の幼児は外言のインパクトが容易に影響し，内言の自己教示による随意運動の形成が難しい。他者のコトバを内言でプログラミングし，自らの随意運動を調整するには，より高い年齢での言語発達が必要になる。

6. 随意運動の神経生理学的機序

随意運動の制御系

　随意運動の実現に関与する脳の制御機構は極めて複雑で，その全容は未解明である。ここでは図6-9の図式に沿って説明する。随意運動の制御は，行動を駆動する動機づけ（意欲）と，目標（欲求解消の対象），行動のプログラム，行動を構成する運動のプログラム，運動の実行指令，そして効果器（骨格筋）による個々の運動の実行と実行結果のフィードバック（体性感覚や頭頂・側頭連合野の情報）から構成される。プログラミングに関与する主要な脳領域は大脳皮質の感覚連合野，前頭前野（前頭連合野），運動前野そして皮質下の大脳基底核であり，実行指令には運動野と小脳が責任をもち，運動の実行は脊髄が制御する。

　随意運動の遂行には，脳の活動水準全般が高く維持された覚醒状態が背景になければならない。それには脳幹網様体，視床特殊核および大脳辺縁系が寄与

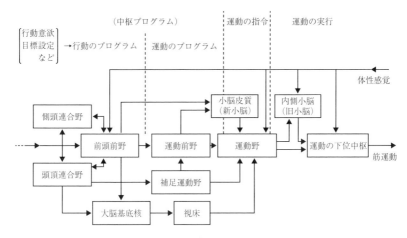

図 6-9　随意運動の制御系の構成（鈴木，1985）

する（ただし，図中には描かれていない）。

運動路——皮質脊髄路と錐体交叉

　手足などの個々の運動の実行を指令する神経回路は皮質脊髄路（錐体路）である。皮質脊髄路は，大脳皮質の一次運動野（中心前回）の第Ⅴ層にある巨大錐体細胞の軸索が束となって脳幹の延髄の底部にある錐体を通り，その場所で約 80〜90% が交叉して反対側の脊髄へと伸びてゆく（錐体交叉）。そのため，左半球の脳は右半身の運動を制御し，右半球の脳は左半身を制御する神経回路をつくる。錐体交叉は 10 章の大脳半球の機能差と重要な関係がある。手指を動かす領域の皮質脊髄路は頸髄へ伸びて手指の筋につながり，足を動かす領域は腰髄へ伸びて足の筋につながる。

7. 学習の神経生理学的機序

　主要な 2 つの仮説が提示されている。その 1 つはシナプス仮説で，学習はニューロン間のシナプス伝達の効率が改善する可塑性によると推定する。条件

反射学の一時結合はこの仮説に含まれる。もう1つは膜仮説である。これはシナプス後ニューロンにおいて，興奮性シナプス後膜の抵抗の変化，膜電位の脱分極，Ca, Na, K イオンチャンネルの変化，タンパク変化が学習に関与すると推定されている。

コラム ● 行動主義心理学の環境主義

　「私に，健康で，良い体をした1ダースの赤ん坊と，彼らを育てるための私自身の特殊な世界を与えたまえ。そうすれば，私はでたらめにそのうちの1人をとり，その子を訓練して，私が選んだある専門家——医者，法律家，芸術家，大実業家，そうだ，乞食，泥棒さえも——に，その子の祖先の才能，嗜好，傾向，能力，職業がどうだろうと，きっとしてみせよう。」(Watson, 1930)

コラム ● 観察行動とミラー細胞

　霊長類マカクザルの大脳の下前頭皮質と下頭頂皮質にミラー細胞と呼ばれる特殊な細胞がある。その細胞は，他の動物の手の運動を観察しているときに，サル自身が手を動かすときと同様の神経活動を鏡のように示す。人のミラー細胞と模倣や言語活動との関係は今後の研究課題とされている（Rizzolatti et al., 1996）。

設問　「行動」の概念は「こころ」の理解にどう役立つか，述べなさい。

7章

欲求と動機づけ

I. 欲求

　欲求は，内的な欠乏あるいは内部環境の恒常性（ホメオスタシス）の乱れの心理的な反映である。人間や動物は，何らかの行動を介して環境に働きかけ，欲求の解消を図る。欲求は，人間や動物が周囲の外的環境に能動的に働きかける源泉であり，人間のあらゆる行動と精神活動を構築する基盤である。

　人間の欲求は3種類に分類される。それは，①生命の維持に関わる生物的欲求，②特定の社会集団に所属し，その集団内で特定の地位や役割あるいは評価を得たいという社会的欲求，そして③自己の存在の意義と使命の認識を求める理念的欲求である。動物にも類似の欲求があり，それぞれ摂食行動や防御行動，性行動・育児行動・なわばり行動，そして新奇性や新しい情報を求める定位探索行動の形で現れる。

一次的欲求

　人間や動物の個の生命と種の保存という生物学的意義をもつ欲求を一次的欲求あるいは基礎的欲求という。飢え・渇き・睡眠・呼吸・体温調節・排泄は，個の生命維持に関わる欲求である。地震や洪水の被災者がまず必要とするのは衣食住，つまり空腹と渇きを癒やす食糧と飲料水，身の安全と睡眠を保障する避難所や住居，体温を保持する衣服や寝具である。種の保存に関わる欲求は性

87

と子育て（哺乳）であり，人間では青年期以降（動物では繁殖期）から作用する。現代は一次的欲求が充足されない状況が地球規模で進行し，1960年代から指摘されている開発途上国と先進国の間の食糧・経済の格差（南北問題）は，開発途上国の幼い子どもたちの生命を危険に曝している（日本ユニセフ協会，2023）。

二次的欲求

　人間の行動は，空腹や渇きあるいは性に由来する一次的欲求に限らず，社会生活の中で地位や金銭あるいは評価や賞賛さらには人間関係などに対する二次的欲求の充足に強く支配されている。二次的欲求は**表 7-1** に示すように，20項目の心理的機制により発生する（Murray, 1938）。これらは面接法や投影法（TAT）などの深層心理を調べる心理テスト（13章参照）によってほぼすべての人々に共通して認められた心理的機制であるが，無意識に作用するため自覚

表 7-1　二次的欲求のリスト（Murray, 1938）

屈　　従（abasement）	外的な力に服従し，罰を受け入れる。
達　　成（achievement）	障害を克服し，困難なことを成しとげる。
親　　和（affiliation）	自分の味方に近寄り，友情と交友をつくる。
攻　　撃（aggression）	力づくで反対を克服し，戦う。
自　　律（autonomy）	束縛から逃れ，抵抗し，自由に行動する。
中和（挽回）（counteraction）	再び行動して失敗や屈辱をぬぐい去る。
防　　衛（defendance）	暴力，非難から自己を守り，自己を正当化する。
恭　　順（deference）	優越している人を敬服し，従い，称賛する。
支　　配（dominance）	他人を説得し，命令し，方向づける。
顕　　示（exhibition）	自分を演出し，他人を面白がらせ，そそのかしたりする。
傷害回避（harmavoidance）	苦痛，病気，危険な事態から逃れる。
屈辱回避（infavoidance）	軽べつやあざけりなどを回避する。
養　　護（nurturance）	他人を保護し，養い，無力な者を助ける。
秩　　序（order）	清潔，整頓，組織化など整然とさせる。
遊　　戯（play）	面白さだけのために行動し，緊張を和らげる。
拒　　絶（rejection）	マイナスの対象を排斥し，無視し，追いはらう。
感　　性（sentience）	感性的印象を求め，楽しむ。
性　（sex）	性的関係を求め，促進する。
救　　援（sucoorance）	援助，保護，同情を求める。
理　　解（understanding）	理論的なことに興味をもち，考え，一般化する。

7章　欲求と動機づけ

されるとは限らない。矛盾する心理機制（屈従と支配，防衛と攻撃，自律と救援依存，親和と拒絶など）が個人内に共存することは，人間の行動の単純に割り切れない複雑さを示唆している。

2. 欲求不満と自我防衛

　欲求は，何らかの障害や妨害によって充足されないことがしばしばある。欲求が充足されない状態を欲求不満あるいはフラストレーション（frustration）という。欲求が満たされないフラストレーションが長く続くとき，人はどのような振る舞いをするのであろうか。欲求の充足を求めずに無気力になる（抑圧），他者が悪いと外罰的になる（投射），自己卑下して言い訳をする（合理化），社会的評価の高い対象を無理に求める（昇華）などの振る舞いや夢見（悪夢）が起こる。いずれも，自我が傷つけられないように防衛する機制である。精神分析学を創始したフロイト（Freud, 1932）はそうした自我防衛を，無意識世界のエスが発する性的欲求（リビドー）と超自我の良心的意識との葛藤で苦闘し現実社会と妥協する自我の振る舞いとして説明する（図7-1）。フロイトの意識構造は，意識－前意識（思い出そうと努力すれば意識化できる世界）－無意識（努力しても意識化できない世界）の3層から構成され，自我の世俗性を強調している。そのデーモニッシュな性欲説には批判がある（2章参照）。

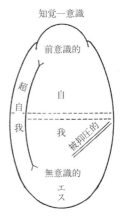

図7-1　フロイトの意識構造
（Freud, 1933）
無意識世界エスから発生する性的欲求（リビドー）は超自我によって監視され，自我の防衛機制によって抑圧，昇華，合理化，投射され，現実社会に適合したものへ変形する。

3. 欲求の階層構造

　人間の一次的欲求（生物的欲求）と二次的欲求（社会的欲求）は機能的，力動的に作用し，全体として5層のピラミッド型構造を形成する。これは心理学者マズロー（Maslow, 1954）が提唱した欲求の階層構造である（図7-2）。5つの欲求は生涯を通じて存在し，それぞれ心理発達的にピークを迎えるダイナミズムを示す。最下層にある生理的欲求は，個人の生命の維持に関わる基本的な欲求で，発達の初期にピークを迎える。その欲求の充足には衣食住の環境の提供が不可欠である。これに続いてピークを迎えるのは，大切な人々に守られて暮らす安全の欲求である。その充足は寝食をともにする家庭と家族，あるいは信頼できる人々を必要とする。その欲求が充足される過程で，特定の集団に所属し仲間からの愛情を求める所属と愛の欲求が強まる。学校や地域社会のサークル，クラブ，ボランティア団体などに積極的に参加し始める。その後，一人の独立した人格として社会的に承認され，他者から尊敬されたいという尊敬・承

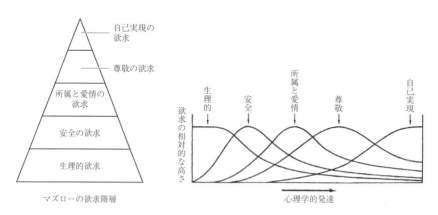

図 7-2　人間の欲求の階層構造（Maslow, 1954 をもとに作成）
人間の欲求は基礎的な欲求を満たす生理的欲求から，高次の自己実現の欲求へ上昇する階層を形成する（左）。下位の欲求が充足されると次の上位の欲求が優勢になる（右）。充足された欲求は相対的に強度が低下してゆく。

認の欲求が支配的になり，集団内で一定の地位と役割を獲得し，目標を達成するように努める。これらの4つの欲求は，社会的関係のなかで自己を確立し，向上させる欲求として展開する。それでも自身の潜在的能力が発揮できていないとして自己肯定できない不満状態に陥ることがある。それは自己の存在意義や使命を認識し，あるべき自己，ありたい自己を求める自己実現の欲求に転化する。さらに，その欲求は，自己の弱点を素直に受容して現実をあるがままに認識し，周囲との調和に配慮して自己の利益よりも課題の遂行に関心を払い，高い道徳性を志向する理念的欲求にまで高まる。欲求の階層構造は，生涯を通じて向上を目指す人間のあり方を肯定する性善説に立脚している。

4. 性欲と愛

　性欲は一次的欲求である。その欠如は個の生命維持に支障はないが，種の保存を不可能にする。性欲は内分泌系（性ホルモン）に支配される。去勢された雄ラットの性行動は著しく減少するが，性ホルモン（アンドロゲン）を投与すると，投与量に比例して回復する（Beach & Holz-Tucker, 1949）。しかし，霊長類の性欲は内分泌系の影響を受けつつも，その束縛から解放された形で表出する。たとえば，幼少期に母親，きょうだい，仲間から隔離されて家族との身体的接触，それを介した社会的な行動（模倣や遊びなど）の機会を失った雌サルは，正常な性欲や性愛（子育ての母性）が育たない（Harlow & Zimmermann, 1959）。

　人間の性欲は，性腺から性ホルモンが分泌され始める思春期に，男女それぞれの性に合った身体が整い，同時に異性への関心が強まる。それは特定の異性と一緒に生きてゆきたいという共生の欲求となり，愛情や信頼の感情を伴う。性的欲求と愛情が結びつくとき，それは恋愛，夫婦愛さらには親子愛へと発展する。同時に，個人が生きている時代の社会文化的な影響を色濃く反映した社会的性（ジェンダー）の姿をとることも事実である。

　現代は伝統的な性愛観にとどまらず，性的マイノリティLGBTQの性愛観の

社会的な共有が課題になっている。1990年以降，同性愛はいかなる意味においても治療の対象でなく，性的指向（sexual orientation）の矯正は誤りとされている（世界保健機関，アメリカ精神医学会，日本精神神経学会など）。心理学は「性的指向」を男性，女性あるいは両性に対する感情的，恋愛的，性的魅力が永続するパターンで，性的魅力と関連する行動および同じ性的指向を共有するコミュニティの一員であるという意識に基づいた個人のアイデンティティ感と定義している（アメリカ心理学会：http://www.apa.org/index.aspx, 2013August）。同性愛は性的指向の1つであり，今世紀に入り，普遍的な人権として尊重される傾向にある。

5. 動機づけ

　環境への適応行動を駆動することで，欲求を解消する働きを動機づけと呼ぶ。動機づけは学習の成立に不可欠な2つの作用因から構成される。1つは行動を押し出す内発的な動因で，外的環境の中から標的対象を見つけ出す探索行動を押し出す。もう1つは特定の行動を引き出す外発的な誘因で（一次的欲求の場合は食べ物や飲料水など），動因を低減し解消する。通常，両者は対になって作用する。6章で紹介した試行錯誤型学習は動機づけ（動因低減）の関数として変化する。動機づけが一次的欲求を充足させる場合は，内部環境の恒常性の維持に寄与するホメオスタシス性動機づけと呼ぶ。これに対し二次的欲求（社会的欲求）を充足する場合は，非ホメオスタシス性動機づけと呼ぶ。

ホメオスタシス性動機づけ

　体内の体温，心拍，血圧，血糖，体液浸透圧などの生理学的環境（内部環境）を一定の水準に維持し安定化する働きをホメオスタシス（homeostasis）という（Cannon, 1932）。激しい運動時は呼吸と心拍の加速，血管の拡張によって大量の血液と酸素を筋肉に送り，体内の糖質（グルコース，グリコーゲン）の分解によりエネルギーを得る。体温の過度の上昇を抑えるように発汗が起こる。

運動の終了とともに，呼吸と心拍は自動的に減速し，発汗が停止する。これは，内部環境を安定した水準に復帰させる負のフィードバックが自動的に働く仕組みである。空腹感（食欲）は，血中のグルコースの不足・欠損（血糖値の低下）の心理的反映である。血液中のグルコースの不足が有機体の内的蓄えを費やしても補償できないとき（カロリー飢餓），外的環境に食べ物を探索する行動が駆動されて摂食行動が起こる。摂食によって血中のグルコース水準が回復すると，空腹感が癒やされる。

非ホメオスタシス性動機づけ

　人間の二次的欲求は，社会的な生産や文化活動に関わる動機づけを刺激する。たとえば，快適な温度の維持を求める生物学的な一次的欲求は，衣服の欲求に転化し，衣服の製作を動機づける。さらにより高い製作技術の欲求が生まれて，新技術の開発を動機づける。人間の非ホメオスタシス的な動機づけ（社会的動機づけ）の代表として，内発的動機づけの好奇心，達成動機づけのコンピテンス，および外発的動機づけについて概説する。

内発的動機づけと好奇心

　一般に学習は，強化（報酬）と練習（繰り返し）そして動因と誘因の組み合わせで成立する。小動物（ラット）は空腹が動因となって，餌のある目標地点（誘因）に向かって走るように動機づけられる。そして目標地点の餌を食べること（強化）で動因が低減する。ところが必ずしも強化（報酬）を必要としない学習，つまり非ホメオスタシス性の内発的動機づけによる学習が存在する。霊長類，特に人間に顕著な好奇心は内発的動機づけとして作用し，未知の新奇な刺激事態とか複雑で難解な対象に出会うとき怖さを伴いつつも，その対象に積極的に接近し，不確実さを低減する行動（定位探索行動）を引き起こす。その好例として，組み立てパズル解きの学習実験が知られている（図7-3）。鍵を3個あるいは6個組み合わせたパズルを与えられたアカゲザルは，報酬がなくても飽きることなく何時間でもパズル解きに熱中し，しかも解き方を12日間

図 7-3　好奇心（左：Harlow, 1950; 右：著者提供）
アカゲザルは、報酬がなくても機械的パズル解きに熱中する。人間の幼児も、おやつを忘れてジグソーパズルに夢中になる。

で習得した。ところが、パズルの組み合わせを解くたびに報酬の干しブドウが与えられると、パズル解きよりも報酬に関心が移り、習得が困難となった（Harlow, 1950）。同様に、人間の幼児もジグソーパズルに夢中になって、おやつの時間を忘れてしまう。好奇心は知識の源泉である（本章のコラム参照）。

達成動機づけとコンピテンス

　自転車にうまく乗れない子どもは、失敗してもくじけずに挑戦し続け、やがて少しずつ乗れようになる。子どもを突き動かすのは、乗れない現状を克服したいという達成の動機づけであり、他者からの強化がなくても同じ行動を繰り返させる。達成がもたらす「やればできる」という有能感（コンピテンス）は、知識や運動技能の学習を一層向上させる動機づけとして作用する（White, 1959）。コンピテンスが高い水準にある人は落ち着きがあり、自信に満ち、自立し、依存心がない。コンピテンスが十分でない人はしばしば他者に依存し、個人的な不安が強く、他者の成功に嫉妬する傾向が強くなる。教育の魅力は、新しいことを認識する学習者の喜びが「できる」という喜びによってたえず補

われ，学びが興味あるものに向上することにある。

外発的動機づけ

　これは金銭，評価，価値あるいは目標という社会的な誘因によって行動が引き起こされる動機づけである。日常の購買行動は，マスメディアや広告をとおして流布される割引価格やポイント制によって触発される。一方で，持続可能な開発目標（SDGs）の地球環境の保護，人間の健康維持，地産地消に寄与するという社会的価値が購買行動を動機づける。1950年代のアメリカで，視聴触覚の感覚情報を制限する感覚遮断実験が1日20ドルの高額報酬（当時の換算レートは1ドル360円，大卒の初任給は1万円余）で行われた。参加者は，灯りがついたままの小さな遮音室内で半透明のゴーグルをかけ，手と腕には手袋とボール紙の筒をはめ，耳もとは気泡ゴム枕で被われて，6日間過ごすように求められた（Heron et al., 1956）。参加した学生は，この非日常的な単調で不確かな状況に耐えようとしてひとりごとを発し，歌い，身体を叩いて歩き回った。この実験は，感覚情報の欠落した環境に人間が耐えられないことを明らかにするとともに，高い報酬（金銭）が人間を非日常の世界へやすやすと誘うことを教えている。

6. 食事行動の動機づけ

　人間の食事行動は，一次的欲求（食欲）の充足と栄養補給に動機づけられる点で動物の摂食行動と共通するが，料理への関心，栄養の知識，食事のマナーの習得，コミュニケーションによる交感機能の亢進など，社会的な意義や価値によって動機づけられる点で異なる。食事行動は「いただきます」の挨拶で始まり，一定の座位の姿勢を維持しつつ，手を用いて箸・スプーン・フォークなどを巧みに操作して食材をつかみ，こぼさないように口もとに運び，咀嚼と嚥下の運動を調節する。その間，料理の仕方，味や嗜好，栄養価の高い食材，その日の出来事や今後の予定などを会話する。「ごちそうさま」の挨拶で完了す

る一連の食事行動は，楽しくおいしく食べた満足感で強化され，集団（家族や仲間）の一員であることを再確認し，親睦を深めるモーメントとなる。同時に言語，思考，記憶，認知を動員した総合的な精神活動が展開する（1章の食事の心理過程参照）。子どもの楽しく食べる食育と心身の社会性の発達の観点から，食事行動の観察・分析が試みられている（吉田, 2012）。

7. 空腹を満たす摂食行動の神経生理学的機序

　かつて空腹感は，胃のリズミカルな収縮の感覚（おなかが空く感じ）から生じると考えられた。それは胃の中に風船を挿入して胃の収縮運動を記録し，心理的な空腹感が胃の収縮と時間的に対応するという実験報告に基づいていた。しかし現代では，以下に述べるように，空腹感や満腹感は脳の摂食中枢と満腹中枢の拮抗的な働きを反映した心理的な現象（知覚）であると考えられている。

　摂食行動は，間脳の視床下部にある2つの中枢の拮抗的な働きによって調整され，内部環境を一定状態に保つホメオスタシス機序に組み込まれた行動である（大村・清水, 1984）。血中ブドウ糖濃度（血糖値）は，グリコーゲン補給やインスリンによる脂肪分解によって80〜110mg/dlに維持されている。空腹になると脂肪が分解され遊離脂肪酸が増え，その遊離脂肪酸が視床下部の外側部（摂食中枢の糖感受性ニューロン）を刺激して，摂食行動を引き起こす。摂食により血中のブドウ糖濃度が上昇すると，これを感知した視床下部腹内側核（満腹中枢の糖受容性ニューロン）が外側視床下部にブレーキをかけて摂食行動を止める（図7-4）。

　このほか，大脳辺縁系を構成するアーモンド型の神経細胞（扁桃体）は，外受容性のうまい食べ物とまずい食べ物，新しい食べ物と既知の食べ物を弁別し，視床下部の摂食中枢と満腹中枢の興奮を制御する信号を送ると推定されている。

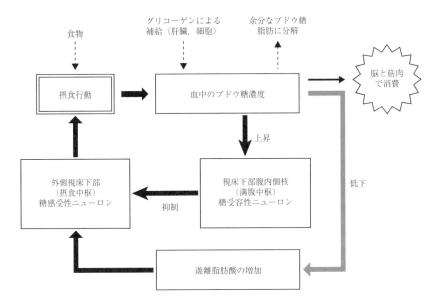

図 7-4 摂食行動と血糖値の調節
摂食行動の開始と停止は，糖受容性ニューロンと糖感受性ニューロンがある視床下部の2つの中枢の拮抗的活動によって制御調整され，血中のブドウ糖濃度（血糖値）を一定水準に保つホメオスタシス機序に組み込まれている。

8. 動機づけの神経生理学的機序

　脳幹網様体と大脳辺縁系は，動機づけに関与する脳機構として次のような働きをする。

　(1) 脳幹の網様体賦活系から大脳皮質へ向かう上行性の賦活作用の増強は，求心性システムを活性化して感覚閾を低下させ（感受性の上昇），定位反射と定位探索行動を駆動する。その結果，周囲の環境から重要な信号刺激（標的）の検出が容易になり，感覚刺激に対する反応性と運動システムが活性化する（9章参照）。

　(2) 大脳辺縁系と視床下部の作用によって交感神経系の緊張が増強し，行動の準備状態として心拍数の増加，血圧の上昇，血管反応の出現，皮膚コンダク

タンスの変化などが生じる。末梢血管の収縮と骨格筋の血管拡張によって，筋肉への酸素流入が増える（8章参照）。

（3）記憶に関与する大脳皮質の側頭葉と，大脳辺縁系の海馬を含むパペッツ回路が働き，探索行動と目的的行動の実行に必要な記憶の更新，目標とそれを達成する方法のイメージ化が生じる（5章参照）。

コラム ● ハエ博士の鉄三

　塵芥処理所の長屋で祖父との二人暮らしの鉄三は，おとなからみれば些細で，ときには忌み嫌われるハエを熱心に観察し，手に触れたりする少年である。口数の少ない小学1年生の鉄三はハエの好みや踊りなど，ハエの生態について驚くほどの知識をもっていることから，「ハエ博士」の異名がつく。大学を卒業したばかりの新任の小谷先生は，鉄三の「ハエの研究」をとおして初めて子どもの「こころ」の豊かさに気づく。
（灰谷健次郎著『兎の眼』,1984）

設問　日常生活で体験する好奇心と無関心を例示しなさい。

設問　あなたの日々の食生活を非ホメオスタシス性動機づけから考察しなさい。

8章

情動と感情

1. 情動と感情

　情動（emotion）[注9] は，外的世界に起こる現象に対する主観的な関係が一過性の恐怖，不安，怒りの形で表わされる直接体験であり，生理学的な興奮と一定の行動パターンが表出する。情動が現実の具体的対象あるいは抽象的対象の観念や概念，あるいは価値（人間や祖国への愛情，平和の希求，相手への憎悪や優越など）と結びつくときは感情（feeling）として体験され，快・不快，愛，喜怒哀楽，苦悩，驚き，嫌悪，苛立ちなどの概念で表現される。

　記憶や思考という高次の精神活動は，しばしば情動や感情の色合いを帯びる。問題解決の見通しがつくと正の感情（快，喜び）を体験し，反対に試行錯誤が続き解決の糸口が見つからない間は負の感情（不快，苦悩）にとらわれる。

2. 情動の機能

　情動にはいくつかの機能がある。第一の機能はコミュニケーションを円滑にする働きである。声の抑揚や叫び声，顔の表情，ジェスチャー，ため息などの行為で自己の内的状態（緊張）を表し，同意や拒否の意思あるいは周囲の危険

注9：emotionはラテン語の「外へ動かす」が語源である。

な状況を他者に信号する。第二は行動の方向と実行手段を決定する機能で，恐怖や不安あるいは怒りは内的な欲求を具体的な行動に駆り立てる動機づけを強めたり，弱めたりする。第三の機能は「こころ」のシコリを取り除く浄化（カタルシス）である。心理的な外傷体験のシコリはコトバで語り，情動として外に表出することで緩和される。

3. 音声と顔の表情

　話す内容が同じでも，怒っていると声が大きく強く，哀れな気持ちでいると声は細く弱くなる。人間の感情や情動の変化を高い感度で伝えるのはコトバの意味よりも，音声（日常会話の音域は540〜4000Hz）である。音声学的パラメーター（韻律）のピッチ（周波数，声の高低），声量（声の大小），音色（音声波形），会話速度などの違いから正と負の感情や情動が識別できる。人の音声を周波数スペクトル分析[注10]すると，スペクトルのエネルギーは，負の情動の場合は低い周波数帯域に集中し，正の情動の場合は高い周波数帯域に集中する傾向がある。

　顔の表情は優れた人間的な言語であり，視線やジェスチャーあるいは音声とともに，体験された感情や意思を個人間で共有させる信号である。顔の表情には嬉しいと笑い，悲しいと泣くという喜怒哀楽の知覚とほぼ対応する関係がある。しかし，顔の表情と喜怒哀楽の感情との対応は単純ではない。「顔で笑って心で泣く」の慣用句にあるように，悲しみは笑顔の下に抑え隠される。また，嬉しさのあまりに涙が出て泣き顔に変わる。さらに，認知と記憶の章でも述べたが，文化的差異もある。「照れ笑い」はわが国では恥ずかしさを隠す振る舞いとして肯定的に受容されるが，悪意のある笑いとして否定的に受け止める文化社会もある。

　感情は顔の表情筋の変化と一定の対応関係がある。表情筋の変化は，筋の放

注10：音声の周波数スペクトル分析は，時間領域の音声を数学的な単振動の周波数領域に変換して，各周波数のエネルギー分布を調べる。

8章　情動と感情

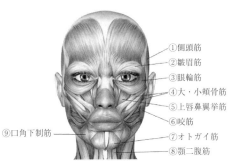

	皺眉筋	下制筋
健常者	±	+
うつ病者	++	++

＋ 緊張　− 弛緩

表情筋の変化

人の顔の表情筋の種類

①側頭筋
②皺眉筋
③眼輪筋
④大・小頬骨筋
⑤上唇鼻翼挙筋
⑥咬筋
⑨口角下制筋
⑦オトガイ筋
⑧顎二腹筋

図 8-1　情動と顔の表情

電電位（筋電図）の変動として記録できる（図 8-1）。健常者の表情筋は，嬉しく幸せなときに眉の皺眉筋の放電が緩み，下制筋（口唇周囲の口筋の中で下唇を外側下方に引く筋肉）の放電が，やや強まる。悲しいときや怒りのときは皺眉筋が強く放電し，これに口もとの下制筋の緊張が加わる。うつ病者の表情筋は全般に強く放電し，感情の起伏の変化が現れにくい。そのため顔には，悲しみや怒りに特徴的なこわばった表情が現れる。

4. 隠れた情動

　情動の表出は，強調や虚飾のために誇張されることもあれば（誇らしげな会話），控えめに抑制されることもある（秘密めいた会話）。そうした外見的な表出にかかわらず，情動の変化は外的に見えない形で自律神経系の活動にかなり忠実に反映される。自律神経系は，身体のあらゆる組織に張り巡らされた末梢神経で，交感神経と副交感神経が対になって拮抗的に働く（3 章の図 3-4 参照）。精神的に強く緊張すると交感神経が優位に働き，心拍数や呼吸数の増加，発汗，脳血管の拡張と末梢血管の収縮，瞳孔の散大などの変化が起こる。緊張が緩むと，副交感神経が優位に働いて平静状態に回復する。虚偽行為は平静を装っていても，交感神経系が強く興奮して心拍数の増加，呼吸の抑制，手掌の汗腺細胞の精神性発汗（皮膚抵抗の低下）を伴うことが知られている（Thompson,

101

1975)。

5. 共感と共鳴

　他者の感情の変化に気づき，他者が喜ぶと喜び，他者が悲しむと悲しくなる
というように，感情を他者との間で共有することを共感あるいは共鳴という。
これは現実の人間同士の間で体験されるほかに，映画や小説に描かれる仮想の
人物と鑑賞者や読者との間でも起こる。共感を引き起こす芸術作品は高く評価
される。役を演じる俳優自身も，脚本の登場人物と感情や情動の共鳴が求めら
れることはよく知られている。共感は感情的側面と認知的側面から構成される
概念と考えられている。感情的側面は，同情など他者指向的な感情が喚起され
る共感的関心と，他者の苦痛の観察をとおして自己に生起される不安や恐怖に
とらわれる個人的苦痛である。認知的側面は，他者の視点に立って他者の気持
ちを考える視点取得と，物語などのフィクションの登場人物に自分を置き換え
る想像性である。これらの共感特性を測定する尺度（対人反応性指標）の開発
と検討が行われている（Davis, 2006; 日道・小山内・後藤他, 2017）。

　動物でも個体の情動が別の個体の情動に影響を与える。たとえば，「犠牲者」
のイヌが目の前で罰の電気刺激（痛刺激）を受ける実験場面を目撃した「観察
者」のイヌは，心拍数の増加と海馬シータリズムの増強が生じ，負の情動的な
共鳴を体験した（Данилова и Крылова, 1989）。このとき，「観察者」のイヌ
が脚上げをすると，「犠牲者」のイヌに対する通電が停止するように回避条件
づけを行うと，「観察者」のイヌに心拍数の減少と海馬シータリズムの抑制が
生じ，負の情動状態が消失した。この実験結果は，痛刺激を直接用いなくても
負の情動研究が可能であることを示している。

6. 不安と恐怖

　不安は，現在の状況や将来に明確な期待や自信がもてず，漠然とした恐れや

危険の感情とともに，身体的な緊張を伴う状態である。不安は誰もが経験する感情であるが，過剰になり生活に支障が出る場合は不安神経症と診断される。

　恐怖は暗闇，高所，閉所，公衆，猛獣など具体的な対象に抱く不快な感情で，外的環境に過敏になり（感覚閾が下がり），危険から事前に逃れる回避行動を駆動する。シャトル箱（電撃を受ける部屋と安全な部屋の間を自由に行き来できる小型の実験装置）に入れられた小動物（ラット）は，危険な部屋で電撃を幾度か受けると，食餌の強化がなくても隣の安全な部屋へ直ちに逃げ込んで，電気刺激を回避するようになる。その回避学習を成立させる強化となったのは，恐怖である。

　近年注目されているパニック障害は，出勤途中や会議中あるいは夜間の就床時に動悸（心拍の突然の加速），呼吸困難，胸の痛み，発汗，震え，めまい，吐き気，冷感・熱感などが突如生じる症状で，その身体症状のため死ぬのではという強い恐怖に襲われる。恐ろしいパニック発作がまた起きるのではないかという予期不安，あるいは発作を恐れて公衆の場所（街中，乗り物，映画館，会議など）に出られない広場恐怖の症状（回避反応）を示す。

7. 喜びと幸せ

　不安や怒りといった負の感情や情動をもたらす条件あるいは障害を取り除く問題焦点型の研究は盛んであるが，喜びと幸せについての研究は意外と少ない。今世紀に入って，人間の情動・感情の肯定的な状態の促進に力点を置く，ポジティブ心理学が注目されている。この心理学のテーマは，従来あまり扱われなかった喜びや希望をはじめ，ストレスからの精神的な回復力（レジリエンス：resilience），没入体験（フロー），心的外傷後の成長力，ウェルビーイング[注11]などである。幸福感は多面的モデルによると，ポジティブ感情，物事への積極的な関わり，他者との良好な関係，人生の意味や意義の自覚，達成感の概念か

注11：ウェルビーイング（well-being）は肉体的，精神的そして社会的に完全に満たされた状態を意味する（世界保健機関 WHO, 1946）。

ら構成されるとされる（Seligman, 2011）。

8. 情動の心理学的モデル

　情動の表出に関する代表的な心理学的モデルとして，不安の認知モデル，うつ状態の学習モデル，2要因帰属モデルおよび情動の調節モデルについて概説する。

不安の認知モデル

　不安（anxiety）の概念は，図8-2に示すように，認知評価・不安特性・不安状態からなる成立過程と，自己防衛・認知評価の修正を伴う制御過程から構成される（Spielberger, 1966）。不安特性（A特性）は個人のなかで比較的安定している不安傾向で，不安の増幅度に影響を与える。不安状態（A状態）は，状況に応じて時々刻々と変化する一過性の不安である。ある事柄や事態に遭遇し

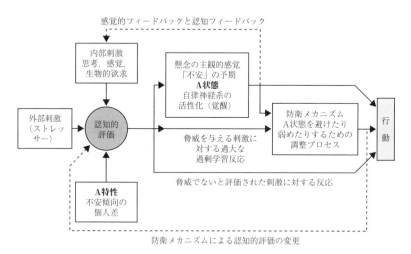

図8-2　不安の認知モデル（Spielberger, 1966, 図は梅本・大山, 1994 より）
不安はA特性（不安特性）とA状態（不安状態）を基本的な構成とし，外部刺激の認知的評価と防衛メカニズムによって修飾される。外部刺激が脅威であるかどうかの評価は不安傾向によって増幅される（A特性）。不安の予期到来や自律神経系の活性化（A状態）とそれを回避する防衛メカニズムは行動として表出され，その結果が認知評価にフィードバックされる。

た場合，客観的に些細なことであってもその人の不安傾向や物事の考え方など
で増幅され，当人には脅威と評価され（認知評価），不安状態に陥る。その結
果，自律神経系の交感神経が興奮して動悸，身体の震え，手掌の発汗などの身
体変化が生じる。そうした身体的緊張の知覚は，不安状態を一層強める。この
ように不安は，状況が危険だから生じるという単純な刺激−反応の関係にはな
く，その間に外的な危険信号の認知評価と不安特性，それに随伴する身体的興
奮の知覚などが介在する。不安への対処には，①苦痛を伴わない別の活動に没
頭する逃避，②脅威の事態や不安な場所にあらかじめ近寄らない回避，③現在
の不安は心配するほどのことではないという認知評価の変更が役立つ。

うつ状態の学習モデル

　うつ状態は猛烈な倦怠感に襲われ，心身のエネルギーが根こそぎ奪いされて
無気力になった状態で，不眠に陥る傾向がある。幼少時に，親や保護者の愛情
を十分に受けられなかった喪失・分離体験は，成人後にうつ状態が発症する呼
び水になる。中高年者のうつ状態は体力の衰えの自覚，子どもたちの自立，近
親者や友人などの死別，離職・失職という喪失・分離体験の積み重なりがその
背景にある。

　はっきりとした原因があってうつ状態になる場合を，医学では反応性うつと
診断する。心理学では，うつ状態は何をやってもうまくゆかず，失敗を繰り返
す経験を介して獲得された状態ととらえ，学習性無気力（learned helplessness）
と呼ぶ。学習性無気力の実験研究によると，回避不可能な状況に長期間曝され
た動物は，その後に回避可能な状況であっても適切な行動をとらず，無気力な
行動を示す（Seligman, 1974）。たとえば，イヌを３グループに分けて電撃回避
の学習実験を実施した。第１グループのイヌは電気ショックを受けるときに頭
部を動かすと電撃を停止させることができ，その後の回避行動が形成された。
第２グループのイヌは，第１グループと同じ電気ショックを受けるが，電撃を
停止する手段がなかった。第３グループのイヌは統制群（前の２グループと比
較する基準）で，電気ショックを受けなかった。その結果，第２グループのイ

ヌは電撃を受け続けて無気力状態になった。回避不可能な刺激環境に置かれると、何をやっても無駄である、制御できないというあきらめの心理が形成されると推定された。うつ病の症状に類似した学習性無気力の症状は、サルと人間でも同様の実験から観察されている。うつ状態は何をやっても無駄である、自分には能力がないという自己否定の傾向を強く示し、気分の転換ができにくい人ほど陥りやすい。

2 要因帰属モデル

情動の内容は身体の生理的興奮のみならず、その原因を何に求めるかについての認知的解釈にも左右されることが、次のような実験で確認された(Schachter & Singer, 1962)。視覚に与えるビタミン剤の効果を調べる目的で病院に集められた実験参加者に、自律神経系を興奮させるアドレナリンが注射された。その後、参加者は3グループに分かれ、注射後の症状について異なる説明を受けた。第1グループは、動悸や顔のほてりはアドレナリン本来の効果であると正しく説明され、第2グループは、皮膚の痒みや頭のしびれが起こると誤った説明がされた。第3グループは何ら説明がなかった。さらに、注射の行為自体の影響を調べるために、生理食塩水を注射する第4グループが用意された。注射後の視力検査という名目で参加者は待合室で待たされ、そこでは失礼な振る舞いを演じるサクラの参加者がいた。あるサクラは場違いなほど陽気に振る舞い、別のサクラは不機嫌に怒鳴り散らした。

その結果、薬の正しい情報をもつグループと生理食塩水のグループは、サクラに影響されることなく自身の生理的状態を冷静に受け止めた。一方、注射の効果について誤った情報をもつグループと何ら情報をもたないグループは、サクラと同じ快・不快の情動反応を示す者が多く、自身の生理的な興奮状態は待合室の雰囲気のせいで生じたと解釈した。人は気分の変化が起きた本当の原因を知らない場合、手短な理由を見つけて「〜のせいにする」行動に走るリスクがある。

8章　情動と感情

情動の調節モデル

情動のコミュニケーション，共感・共鳴，そして調節機能を合わせて情動コンピテンスという（Saarni et al., 2006）。情動コンピテンスは，感情が引き出される社会的相互作用のなかにおける自己効力感の現れとされ，社会性の発達と関係がある。人間の新生児は，出生直後から他児の泣き声につられるようにして泣く（共感の原形）。1歳頃から，他者の情動表出（泣く）に対して距離をおいて注目し，他者の情動表出の状況に適合した行動（慰める援助行動）となるように，自らの行動を調節する。幼児（5〜6歳児）の怒りの感情表出は，複数の建設的あるいは否定的な機能経路があり，子ども自身の表出経験や他者への仲裁経験をとおして発達的に変化する（久保, 2007）。児童期から思春期に情動，特に怒りの調節が十分にとれない子どもは，薬物や性行動に走る傾向があることから，子どもの情動コンピテンスはそうした危険な行動を抑制する鍵になると考えられている（Hessler & Katz, 2010）。

9. 情動の神経生理学的モデル

情動の発現に関与する神経機構については，古典的な末梢起源説，視床説および大脳辺縁系説が有名である。近年の脳科学の進歩により，扁桃説と神経化学説が提示されている。

末梢起源説

これは「泣くから悲しい」説として知られている情動説（ジェームズ・ランゲ説）で，感情の起原を身体の末梢器官の変化の知覚に求める。外的刺激の受容によって，身体の内臓や骨格筋等の器官に反応が生じる（涙が出る，血管が収縮する）。そうした身体変化は大脳皮質に送られて知覚され，その結果として感情体験（悲しみ）が生じる（図8-3の左）。この説は「悲しいから泣く」という日常の理解とは逆さまで，「卵が先か，鶏が先か」の迷宮に入りそうな説である。しかし，身体的緊張の軽減が精神的緊張を癒やすというリラクゼー

107

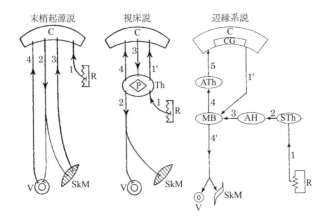

図8-3 情動の神経生理学的モデル（岩原，1981）
3つの情動学説の矢印と番号は，情動情報が伝わる方向と順番を示す。視床説（中央）の視床は情動パターンPが入力情報1を修飾する。
R：受容器，V：内臓，SKM：骨格筋，C：大脳皮質，CG：帯状回，Th：視床，MB：乳頭体，AH：視床下部前部，STh：視床特殊核，ATh：視床前核．

ション法の心理療法の拠り所になる。

視床説

　これは間脳の視床・視床下部に情動中枢を推定し，情動の行動的表出と心理体験を区別する説で，キャノン・バード説ともいう（図8-3の中央）。強い感覚刺激を受けると，視床は大脳皮質の抑制から解放されて，末梢の内臓や骨格筋にインパルスを送って情動の行動的表出を引き起こす。一方で，情動的色彩で修飾された感覚情報を大脳皮質に送って感情体験を生じさせる。ネコの視床の電気刺激が「見かけの怒り」を誘発する事実は，この説の生理学的根拠とされる。「見かけの怒り」は，眼前に敵となる動物がいなくても視床を電気刺激すると，ネコはうなり，爪を出し，毛を逆立て，背中を反らし，尾を太くする怒りの姿勢を示す。電気刺激を停止すると何事もなかったように平静に戻る。視床下部の損傷は怒り反応を誘発する視床下部の電気刺激閾を大きく上昇させる，あるいは怒り反応を完全に阻止する。中脳の中心灰白質を電気刺激すると怒り

8章　情動と感情

反応が強く顕在化する。この神経構造には，攻撃行動のみを駆動する指令ニューロンの存在が確認されている（Adams, 1968）。

辺縁系説

　これは情動の発生に大脳辺縁系と視床下部で構成される神経路，いわゆるパペッツ回路の関与を重視するモデルである（図8-3の右）。パペッツ回路は，記憶に関与する閉回路として知られている（5章参照）。受容器から間脳の視床に到達した感覚情報は，視床下部前部の乳頭体を通り，視床前核→帯状回→海馬傍回→海馬→脳弓を経て視床下部（乳頭体）に至る閉回路を一巡して処理される。この神経回路を含む側頭葉が両側性に損傷を受けると，感情の鈍麻・過剰反応，口唇傾向，性的感覚の亢進などの異常行動が生じる（クリューバー・ビューシー症候群）。人間の場合，海馬の電気刺激に対して怒りや恐怖の情動は随伴せず，主観的に意識の混乱や錯乱状態を体験するにとどまる。このことから，パペッツ回路全体を情動の神経回路とみなすことには疑義が出ているが，帯状回は主観的な情動体験の形成部位として重要視されている。

扁桃体説

　高等動物の扁桃体は大脳皮質側頭葉の基底部にあるアーモンド形の脳組織で，その部位が興奮すると激怒や恐怖の情動が表出する。臨床場面で患者の扁桃体の電気刺激は恐怖，怒り，激怒そして稀に満足を引き起こすことが知られている。反対に，扁桃体が両側性に摘出された動物は攻撃性が低下することが，コロニー内のアカゲザルの観察から実証されている（Pribram, 1971）。サルの動物社会のなかで高い地位を占め，攻撃的で横柄さが目立つボスザルは，扁桃体が両側性に摘出された後は攻撃性を失った，おびえた動物に変容し，動物社会のなかの地位が最も低くなった（図8-4）。サルの大脳辺縁系の扁桃体と大脳の上側頭皮質のニューロンは，顔の威嚇表情に特異的に反応することから，表情運動の解読と理解に関与する神経生理学的機序と推定されている。扁桃体を中心とする情動に関する神経回路をヤコブレフ回路という。

109

図 8-4 情動の扁桃体説（Pribram, 1971）
前思春期の雄ザル（アカゲザル）8匹で構成されるコロニー内の支配権の階層関係を，デイブの扁桃体の両側性摘出前［A］と摘出後［B］で比較している。扁桃体を摘出した後のデイブは階層的地位（名前の後の数字で表示）が最も低くなった。

神経化学説

　これは学習の動機づけに影響する情動の脳領域を、脳幹から脳前方に広く分布する内側前脳束に求めるモデルである。内側前脳束は、視床下部外側部を経由して脳の後方から前方へ分布する神経線維の束である。内側前脳束のうち、興奮性の神経伝達物質であるドーパミンを含む神経路の活性化は、強い報酬効果をもたらす（図8-5）。たとえば、スキナー箱内のラットがバーを押すと脳内の所定の部位（内側前脳束）が電気刺激される自己刺激法を用いると、ラットのバー押しは空腹欲求を満たす餌と同じように、あるいはそれ以上の頻度（1時間に数千回）で起こることが知られている。内側前脳束の自己刺激は、正の情動（快）を伴う報酬効果をもたらすと推定される。その後の神経化学の進歩により、情動の発生は脳内モノアミンの作用と関連することが知られ、セロトニン、ノルアドレナリン、ドーパミンの神経伝達物質の増大は人間を含む動物の気分を高揚させ、その不足と枯渇はうつ状態を誘発すると考えられている。また、恐怖を主徴とするパニック障害は、脳内神経伝達物質（セロトニン、ノルアドレナリン）のバランスの乱れによると考えられている。

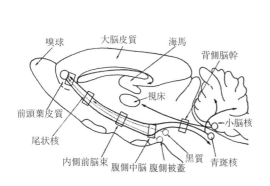
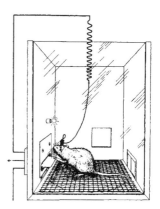

スキナー箱で脳内自己刺激をするラット

図8-5　情動の神経化学説（左：Routtenberg, 1978；右：岩原, 1981）
動機づけに関与する報酬系（快中枢）の神経路は内側前脳束に沿って分布し、ドーパミンを神経伝達物質とする。内側前脳束に印した四角形は自己刺激行動が確実に起こる場所である。

コラム ● チャールズ・ダーウィンの表情研究

　　ダーウィン（Darwin, C. R. 1809-1882）の表情運動の研究は，1872年に "Expression of the Emotions in Man and Animals" の原題で刊行された（浜中浜太郎訳『人及び動物の表情について』1930 年，岩波文庫）。同書は表情の一般原理（1 ～ 3 章），動物の表情（4 ～ 5 章），人間の表情（6 ～ 13 章）と結論（14 章）から構成され，人間の喜怒哀楽，嫌悪，はにかみ，決意，憎悪，情愛などの表情について論じている。人間が情動を表出するときの筋肉運動は，人間の先祖の類似した行動に由来した進化の産物であると説明している。

設問　「目はこころの窓」，目の表情を調べなさい。

設問　「うつ状態は学習される」とはどういうことか，述べなさい。

9章

ストレスと睡眠

I. ストレスとストレッサー

ストレス（stress）は外力を受けた物体の歪みを表す概念である。人間や動物の場合は，心身が外力に耐える反応に当たる。ストレスをもたらす外力あるいは刺激作用をストレッサー（stressor）と呼ぶ。ストレッサーは，環境に由来する有害因子と心理・社会的因子に分類される。

環境由来のストレッサーは，光照度，騒音，悪臭，高温・低温，水質汚染，大気汚染，食品添加物など多数ある。こうしたストレッサーの増加とそれへの長期曝露は，わが国では1960年代から70年代の高度経済成長期に，産業の重工業化に伴う公害（四大公害病）として体験された。それは不眠，目の痛み，気管支炎，喘息，皮膚病，内臓疾患等のストレス反応を多発させ，死に至るケースも生まれた。現代は，コンピューター，スマートフォン，LED照明などの長時間の光曝露（特に青い光）が，眼精疲労や睡眠覚醒リズムの乱れをもたらすリスクの高いストレッサーとされている。

心理・社会的因子のストレッサーは，日常の厄介ごと（デイリーハッスル）と人生の重大な出来事（ライフイベント）に分類される。日常の厄介ごとは，日々の生活のなかで個人が体験する大小さまざまな悩みごとである。たとえば食事の準備・後片付け，掃除・洗濯，買い物などの家事全般，家計のやりくりとローンの支払い，子育て，交通機関の混雑と渋滞，業務や学業の成績と評価，

職場の人間関係，近所づきあい，忘れ物などの悩みである（Lazarus, 1966）。

夏目漱石は日頃の人間関係の煩わしさを，「智に働けば角が立つ。情に棹させば流される。意地を通せば窮屈だ。兎角に人の世は住みにくい。」と知情意の心理面から端的に述べている（『草枕』より，1906年）。

人生の重大な出来事は，個人のその後の人生に大きな影響を与えた，あるいは与える可能性のある出来事である。アメリカで作成された社会再適応評定尺度（Holmes & Rahe, 1967）は，結婚によるストレス度（50点）を基準にして自己評定された43項目の人生の重大な出来事の一覧である（表9-1）。ストレッ

表9-1　心的ストレッサーと社会再適応評定尺度（Holmes & Rahe, 1967をもとに作成）

順位	人生の出来事	得点	順位	人生の出来事	得点
1	配偶者の死亡	100	23	息子や娘が家を出る	29
2	離婚	73	24	姻戚とのもめごと	29
3	別居	65	25	優れた業績	28
4	刑務所入り	63	26	妻の就職・退職	26
5	家族の一員の死亡	63	27	入学・卒業	26
6	自身の怪我あるいは病気	53	28	生活状況の変化	25
7	結婚	50	29	習慣の見直し	24
8	失業	47	30	上司とのもめごと	23
9	夫婦の和解	45	31	仕事条件の変化	20
10	退職	45	32	転居	20
11	家族の一員の健康上の変化	44	33	転校	20
12	妊娠	40	34	レクリエーションの変化	19
13	性生活の困難	39	35	教会活動の変化	19
14	家族数の増加	39	36	社会活動の変化	18
15	職業への再適応	39	37	1万ドル以下の借金	17
16	経済上の変化	38	38	睡眠習慣の変化	16
17	親友の死亡	37	39	家族団らんの回数の変化	15
18	仕事上の配置転換	36	40	食習慣の変化	15
19	夫婦喧嘩の回数の変化	35	41	休暇	13
20	1万ドル以上の借金	31	42	クリスマス	12
21	抵当権の差し押え（競売）	30	43	法律上の軽い違反行為	11
22	職責の変化	29			

人生の重大な出来事（life events）43項目のストレッサー価を得点順に表示。ストレッサー価は結婚に対するストレス度（50点）を基準に0〜100点の範囲で自己評定された。

サー価が最も高い配偶者の死亡に続いて離婚，別居，刑務所入り，家族の死，病気，失業，退職，職業への再適応など，喪失体験や痛恨事に関連する出来事が上位を占める。過去1年間のストレッサー価が合計300点以上の人は翌年に79%の高い確率で心身症などの病気に罹るとされる。ストレス度の高い人生の出来事がもたらす心労の大きさを示している。

わが国で作成された階層別の社会再適応評定尺度（夏目・村田，1993）によると，アメリカと同様に喪失・痛恨事（死別，離婚，病気，倒産）は高いストレッサー価をもつ。勤労者の2割はストレス度の合計が600点以上の職場不適応を示し，主婦（専業，パート，常勤の既婚者）は基準（結婚）を上回るストレッサーが63項目中40項目と多い。大学生（国立・私立）は留年（3位）のストレッサー価が高い。

2. 心的ストレス

心的ストレスは情報ストレスと情動ストレスに分類される。情報ストレスは，作業負荷がその人の処理能力を超えるほど，情報過剰になった状況で生じるストレスである。たとえば，仕事に高い関心をもちながら，多量の情報を前に処理の手順に迷い，適切なタイミングで責任を果たす見通しが立たないでいる状態である。一方，情動ストレスは，脅威となるストレッサーに曝されてそれから逃れることができず，生物的欲求や社会的欲求が長期にわたり充足されない欲求不満の状態である。

テクノストレス

情報ストレスの現代的な典型はテクノストレスである。社会や職場あるいは家庭のデジタル化が1980年以降急速に進み，21世紀の現代人の生活は人工知能，ロボット，ビッグデータによる第4次産業革命のIT化社会のなかで営まれている。そこでは，能率・効率・利便性・生産性を優先する画一的な価値観に苛まれる人間に特有のテクノストレスが生じる。テクノストレスは「コン

ピューター・テクノロジーに健常な形で対処できないことから生じる不適応症候群」（Brod, 1984）で，1つはコンピューター操作や情報アクセスに拒否的で回避的な態度を表すテクノ不安症，もう1つはコンピューター操作や情報アクセスに過剰にとらわれ，人間関係を疎かにし回避するテクノ依存症（中毒）である。テクノストレスは当初は，エンジニアや医療従事者の職種に限定してみられたが，その後のネット社会の急速な進展と通信機器（ノート型・タブレット型パソコン，タブレット，携帯電話・スマートフォン）の普及のなかで，大衆化し日常化している。近年はスマホ中毒やゲーム障害などのテクノ依存が深刻な社会問題になっている（本章のコラム参照）。

タイプA行動パターン

情報ストレスに陥りやすい行動特性をタイプA行動パターンという。その特徴は次の5つである。それは，①時間切迫性（時間に追われて多くの仕事を限られた時間内で処理），②他者への敵意と攻撃性（語気の荒い喋り，苛立ちと怒りの表出），③競争意識（質より数量で人物や物事の評価），④活動の速さ（早口，早食い），⑤高い要求水準と無気力（現実の成果への不満，失敗への過度な怖れ，失敗による遂行努力の放棄）である。性格は仕事熱心で執着傾向が強く，身体の疲労や異常に鈍感で感情表出が貧弱である。

タイプA行動パターンは，血清コレステロール値の上昇と冠動脈疾患の発病率が高く，虚血性心疾患（狭心症と心筋梗塞）の危険因子とされ，おもに男性に顕著に現れる（Friedman & Rosenman, 1959）。虚血性心疾患は心臓を取り囲むように走り，心筋に酸素と栄養を供給する冠動脈の機能が損なわれる疾患である。交感神経系の活動（血圧上昇，心拍増加）が優位であるため，ストレスの軽減を図る生活習慣の改善が必要とされる。

燃えつき症候群

燃えつき（バーンアウト）は，職務上の緊張が慢性的に続いて衰弱状態に陥る情動ストレスである。使命感と理想が強く，他者への援助が社会的に期待さ

れる医師や看護師，教師やソーシャルワーカーなど対人専門職に就く人々は緊張状態が長期にわたり不断に続くなかで，他者に尽くしたが報われないと感じるとき，燃えつき状態になる。精神的には意欲喪失，情緒荒廃，人生への不満，自己卑下，他者への思いやりの喪失，能率低下や仕事嫌悪（休職・退職）に支配され，健康面では頭痛，下痢・便秘，ストレスホルモンの増加，心臓疾患などが起こる症候群である（Freudenberger, 1974）。国際疾病分類 10 版（ICD-10, 2003）では明確な診断カテゴリーとしては存在せず「生活管理の困難と関係する問題」として認定された。その後，ICD-11（WHO, 2018）において疾病ではなく「職場現象」として明確に定義され，職場での慢性的なストレスが適切に管理されなかった結果として生じる症候群とされている。燃えつきの測定に日本語版 MBI（Maslach Burnout Inventory）が使用される。

心的外傷後ストレス障害

　戦争，事故，暴行，生死をさまよう被災，家族や財産の喪失，大怪我といった極度に危険な事態に遭遇した人々は，男女に関係なく強い情報ストレスと情動ストレスを体験する。脅威そのものが去った後でも，外傷的な出来事に由来する恐怖や無力感から容易に脱することができない精神状態にあり，多少の変化を過剰に警戒し，死の恐怖が予期せず甦るフラッシュバックをしばしば味わう。これは心的外傷後ストレス障害（PTSD：post-traumatic stress disorder）と呼ばれ，不眠，悪夢，食欲不振などの身体症状を伴う。移転，失職，離婚などの二次的な変化が生活環境に生じ，社会生活の円滑な営みが困難になることも少なくない。過去 30 年間に発生した阪神淡路大震災（1995 年 1 月），東日本大震災（2011 年 3 月），西日本豪雨（2018 年 6 月）がもたらした心身の傷跡（フラッシュバックや夢見，過剰な恐怖，喪失感，身体の不調）は今なお癒えることがなく，「こころ」のケアを必要としている。

　歴史的に PTSD はヒステリー症状，シェルショック，家庭内暴力の 3 つの流れがある。ヒステリーはかつて，子宮（ヒスト）に起因する器質性の病理と誤診されていたが，フロイトのヒステリー研究などにより神経症（解離性障害）

の一種とされた。シェルショック（戦争神経症）は第一次世界大戦（1914～1918）の塹壕戦のなかで，絶え間ない砲弾の音を聞き続ける恐怖によって精神崩壊を呈した兵士が続出したことで知られるようになった。帰還兵は身体の硬直，抑えようのない震え，強度のチックなどの異常な身体症状，感情麻痺，無口，無反応，記憶障害，意味不明な言動の精神疾患を示した。家庭内暴力（DV：domestic violence）は，夫婦間暴力（配偶者や恋人などから受ける暴力）が原因で生じる心的外傷である。被害者（おもに女性）は感情麻痺で身動きができない状態になり，警察対応の後でも加害者に対する恐怖感から元の家庭に戻ることがある。そうした家庭では子どもの虐待が隠されているケースが少なくない。

心的ストレスと対処行動

ストレスの認知モデルであるトランスアクショナル・モデルによると（Lazarus & Folkman, 1984），心的ストレスは，ストレッサーの一方的な作用によるものではなく，ストレッサーとそれを受ける個人の心理的処理との相互作用の結果である。心的ストレスはストレッサーの認知的方略，対処行動（コーピング），情動反応から構成される（図9-1）。人間はストレッサーに曝されるとき，それが危険であるかどうかストレッサーの脅威を認知し，その脅威に立

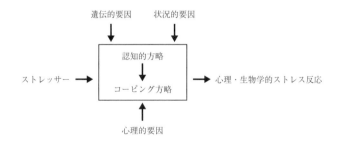

図9-1　心的ストレスのトランスアクショナル・モデル
（Lazarus & Folkman, 1984；山田, 1997 より）
心的ストレスは，環境の作用を脅威的ストレッサーとする認知的方略とそれに対処する意識的な努力（コーピング方略）という，人間と環境との相互作用のなかで体験する。

ち向かう有効なスキルや力量を備えているかどうかを評価し，ストレス緩和の対処行動を実行する。その結果を再評価し，ストレッサーの認知・評価の修正と新たな対処行動を工夫する。不安傾向やタイプＡ行動パターン（心理的要因）の強い人はそうでない人に比べて，ストレッサーを過大評価し，認知・評価や対処可能性を否定的に判断しやすい。近年の学校ストレスや育児ストレスなどの説明に，しばしば援用されるモデルである。

　個人の水準の対処行動（コーピング）は，大きなストレッサーに近づかない（回避），あるいは小さなストレッサーに慣れる（馴化）ことである。具体的には仕事の手を止めて軽くストレッチをする，ゆっくりと深呼吸をする，戸外に出て公園や森林を散歩する，好きな音楽を聴き歌うなど，いわゆる気分の鎮静（relaxation），気晴らし（recreation），適度な休息（rest）の3Rである（解消型コーピング）。加えて，生活習慣（食事，睡眠，スポーツ）を見直すとか，気心の知れた知人や専門カウンセラーに相談することも3Rの一環として重要である（情動焦点型コーピング）。さらに，労働条件の改善，ジェンダー平等の研修，バリアフリー環境の整備などの社会的対処も重要である（問題焦点型コーピング）。

　健全な対処行動が難しくなると，ストレスは増幅し，心身症や病的な対処（退行，反動などの自我防衛）が生じる。対処行動がとれない状況に長期間曝された小動物は，心身症の症状を示すことが実証されている（Weiss, 1972）。たとえば，対処可能性の異なる２グループのラットを用意する。対処可能なグループは，ランプが点灯すると輪を回すことで電気ショックを回避することができる。対処不可能なグループは，対処可能のラットが輪回しに成功しない限り，輪をいくら回してもショックを受け続ける。それぞれの対処条件の下で一定期間過ごした後で両グループを比較すると，対処不可能なグループは胃潰瘍の症状が多発し，新しい回避学習事態において対処可能なグループより失敗が多く，学習が困難であった。

3. 生理的ストレス

生理的ストレスの神経生理学的機序は，視床下部・副腎髄質系の危急反応と，下垂体・副腎皮質系のストレス反応が知られている。

視床下部・副腎髄質系の危急反応

間脳の視床下部と自律神経系は，身体の内部環境の恒常性の維持（ホメオスタシス）に寄与している。外界からストレッサーを視床下部が受け取ると，交感神経系が強く興奮して心拍や呼吸の増加，血管収縮と血圧上昇，胃の収縮，瞳孔散大，副腎髄質のアドレナリン分泌などの一連の変化（危急反応）が生じて，内部環境の均衡が一時的に失われる（図9-2の太線）。この危急反応は，攻撃・逃走・防御行動を実行する身体状態を用意する。心理的には不安，痛み，動悸などの知覚に反映される。ストレッサーが消えると副交感神経（アセチルコリン作動性）が優位に作用して，内部環境は元の平静状態に復帰する（Cannon, 1932）。

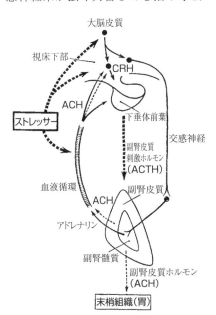

図9-2 生理的ストレス
危急反応（太線）：視床下部・交感神経の興奮により副腎髄質を刺激しアドレナリンの分泌。
ストレス反応（点線）：下垂体前葉から放出される副腎皮質刺激ホルモンにより副腎皮質を刺激し副腎皮質ホルモンの分泌。
CRH：副腎皮質刺激ホルモン放出ホルモン。

9章　ストレスと睡眠

下垂体・副腎皮質系のストレス反応

　ストレスの概念を最初に提唱したセリエ（Selye, 1955）は，プラハ大学医学部の学生であった当時，感染病の大学病院に勤務中に「全身適応症候群」と呼ばれるストレス反応のヒントを得た。ストレス反応は視床下部，下垂体および副腎皮質系の内分泌ホルモンを介して警告反応期，抵抗期，疲憊期（ひはい）の順に，長期間にわたって緩やかに進行する（図9-2の点線）。ストレッサーをとらえた大脳中枢は，視床下部から下垂体前葉に副腎皮質刺激ホルモン放出ホルモン（CRH）を送り出す。CRHを受けた下垂体前葉は，副腎皮質刺激ホルモン（ACTH）を放出して副腎皮質を刺激する。副腎皮質ではコルチゾールやコルチコステロンなどの，ホルモンが血液に放出される。コルチゾールは生体の必須ホルモンで，糖の新生・脂肪の分解・タンパク質の代謝を制御し，炎症やアレルギーを抑える抗炎症作用と免疫抑制の働きをする（抵抗期）。ホルモン放出量が基準値の上限に達すると，CRHの生成を抑制するように脳中枢に負のフィードバック調節が働く。負のフィードバック調節が効かなくなる疲憊期では，ストレス耐性が衰え，三大疾病（胸腺・リンパ腺の萎縮，胃潰瘍，副腎の肥大）を示す。

4. 最適なストレス水準

　ストレスは一般に，心身に否定的な影響を与えると理解されることが多いが，実際にはそれと反対のプラスの効果がある。いくつかの研究から，作業成績を向上させる最適なストレス水準，あるいは機能状態の存在が知られている（図9-3）。たとえば，視覚弁別に失敗すると罰（電気ショック）を受けるストレス事態に置かれた小動物（ラット）は，弁別課題が難しい場合（ⅠとⅢのグラフ），罰のストレッサー効果が強すぎても弱すぎても作業成績が低下し，適度な強さの場合に成績が向上する。弁別課題が易しい場合（Ⅱのグラフ），作業成績はストレッサーの強さにほぼ比例して良くなる。つまり，難しい課題では，ストレスの強さと作業成績の間にはⅤ字型の関係がある（図9-3）。これをヤーキーズ・ドットソンの法則という（Yerkes & Dodson, 1908）。

121

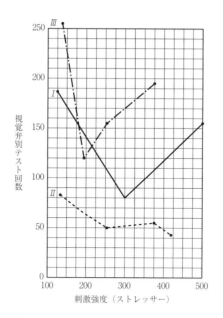

図 9-3　ストレスと作業成績の関係（ヤーキーズ・ドットソンの法則）
(Yerkes & Dodson, 1908)
弁別がやや難しい課題（Ⅰ）と難しい課題（Ⅲ）は，ストレッサーが適度な強さのときに作業成績が最も良い（テスト回数が最少）。弁別が易しい課題（Ⅱ）の成績は刺激強度にほぼ比例する。

　スポーツ競技者の成功度は，交感神経・副腎系の生理的ストレス状態，つまり視床下部・副腎髄質系の危急反応から予測できる。競技開始前にノルアドレナリンが2〜3倍増加するのは，競技者が良好な状態（長時間のエネルギー保持）にあることを示す徴候である。反対にアドレナリンが5〜10倍増加する場合，競技者は過度な情動的緊張と不安状態にあり，成績の低下が予測できる。

5. 覚醒と睡眠

　人間は現実に行っている行為を自覚し，行為の対象を認知し，行為の結果を反省し，新たな行動を設定する。それは十分に覚醒した自我意識による活動である。自我意識は常に最適な状態にあるとは限らない。その状態は神経系の興奮の低下に対応して覚醒水準が変化し，躁から明晰を経て安静へ低下し，まど

ろみから睡眠状態へ移行する。躁は覚醒水準の最上位にあり興奮が極めて強く，活動性は増強するが正常な行動の維持が難しい。明晰な覚醒は，日中の正常で円滑な活動を営むのに最適な水準で，持続時間は90分程度である（これを超えると眠気や疲労の自覚が起こる）。安静は心身の緊張が緩和された水準である。まどろみは眠気を知覚し，機器類の操作や作業の手順を誤りやすい（居眠り運転，夜勤でのうっかりミス）。睡眠は，外的には一定の姿勢で横臥して身体動作がほぼ止まり，外界との意思疎通が停止した状態にある。しかし，内的には夢見や悪夢を体験し，外界を注意し見張る監視機能が持続している（注意睡眠）。睡眠は，覚醒中に獲得した情報を記憶に固定化するのに適した機能状態であることが知られている（5章のコラム参照）。

6. 不眠

　心的ストレスが強い夜に眠れないという経験は，誰しもが一度は味わう。不眠が慢性化する危険因子はストレスをはじめ，生活習慣の乱れ（徹夜，週末の過眠，日中のうたた寝），誤った睡眠儀式（早い就床，寝酒，就寝前の長時間のテレビ視聴，コンピューターやスマートフォンの使用），加齢，薬物依存，リズム障害などがある。中高年になると男女とも不眠に悩む（男性50歳以上，女性65歳以上）。女性は脳波などの睡眠ポリグラフ記録による客観的な測定でかなり眠れていると判定されても，男性より愁訴が多い。

　不眠症の特徴は入眠障害，中途覚醒，早朝覚醒，熟睡感の欠如そして睡眠不安である。不眠症の治療は薬物療法や光療法のほかに，心理学的な認知行動療法がある。認知行動療法では，不眠はいつどこでいかに寝るかを誤って学習した習慣行動とされ，睡眠恐怖や誤った睡眠習慣の消去と，新しい睡眠習慣の再学習により不眠の改善が行われる（日本睡眠学会，2009）。

7. サーカディアンリズム

　人間は昼間に活動し夜間に休息するが，覚醒と睡眠の周期的交代は脳内の生物時計あるいは体内時計（間脳の視床下部後方に局在する視交叉上核がその実体）が制御している。体内時計が営む本来の休息・活動のリズムは，地球の自転周期より約1時間長い25時間周期の内因性リズムである。その意味でサーカディアンリズム（概日リズム）と呼ばれる。サーカディアンリズムのままで暮らすと1日1時間ずつ後ろにずれてゆき（フリーランあるいは自由継続），12日経つと昼夜逆転の生活になる。幸い，体内時計のサーカディアンリズムは，末梢の視神経から届く光情報（明期）によって24時間にリセットされ，地球の昼夜（明暗周期）あるいは人間の社会的時計（タイムテーブル）に同調した睡眠覚醒リズムに変化する。夜の時間帯（暗期）を感知すると，脳内の松果体から盛んに産出・分泌されるホルモンのメラトニンが，自律神経系の働きを抑制して睡眠に適した内部環境を用意する（橋本・本間・本間, 2007）。

　サーカディアンリズムは誕生時には出現しない。新生児は1日16時間余りを寝て過ごし，授乳と排泄のための覚醒と睡眠が頻繁に交代する多相性の睡眠パターンを示す。誕生後2ヵ月余り経つと約25時間周期のリズムが出現し始めるが，昼夜の交代に同期しないフリーランを示す。幼児期は昼夜の交代に同期したリズムにかなり近づくが，日中に昼寝を含む多相性睡眠パターンが残る。学童期は学校の始業時間に同調した睡眠覚醒のサーカディアンリズムが形成され，夜間にまとめて眠る単相性睡眠パターンになる。

　青年期は生物学的な睡眠位相の後退が起こり，夜型の生活になりやすい。そのため，おとな社会に適応できない時差ボケ（ソーシャル・ジェットラグ）を体験する。サーカディアンリズムは労働条件や環境条件によって変容し，リズム障害を示すことがある。おもなリズム障害は睡眠相後退型，睡眠相前進型，不規則睡眠・覚醒型，非24時間睡眠・覚醒型，交代勤務型である（American Psychiatric Association, 2022）。24時間働く現代社会は，夜間に明るい照明の

9章 ストレスと睡眠

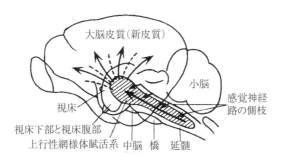

図 9-4 上行性脳幹網様体賦活系（Magoun, 1952）
脳幹網様体は大脳皮質全般の興奮水準を上昇させて覚醒状態を維持する。

下で過ごす時間が多く，そのため就床時刻が後に遅れる睡眠相後退症候群のリスクが高い。

8. 覚醒の神経生理学的機序

覚醒状態の持続は，脳幹の中心部にある上行性脳幹網様体賦活系の働きによる（図9-4）。この賦活系が損傷されると昏睡状態に陥る（Magoun, 1952）。脳幹網様体は，上行性の感覚神経路が視床の特殊核に至る途中の中脳で側枝を出して形成する網目状の神経網で，感覚神経路から送られてくる興奮性信号を増幅して大脳皮質全体を賦活する。脳全体の賦活は感覚閾値を下げ（感受性の上昇），学習や認知などの高次精神活動に適した機能状態を用意する。脳を活性化するニューロンはモノアミンの神経伝達物質を放出する（ノルアドレナリン，セロトニン，ヒスタミンなど）。近年の研究から，視床下部のオレキシン作動性ニューロンがモノアミンの覚醒機構を制御すると推定されている（櫻井, 2012）。

9. 睡眠の神経生理学的機序

人間の睡眠はノンレム睡眠とレム睡眠の2種類の睡眠から構成される。一夜

の睡眠は，頭皮上の脳波，眼球運動，オトガイ筋活動を電気生理学的方法（睡眠ポリグラフ）で記録すると，体温低下とともに脳波の徐波化（高振幅，低周波数の脳波パターンの出現）を特徴とするノンレム睡眠から始まる。眠りの深さの異なる4つのノンレム睡眠段階を経過した後，眼球がキョロキョロとすばやく動く急速眼球運動（レム）の出現と筋緊張の消失を伴うレム睡眠が出現する（Aserinsky & Kleitman, 1953）。ノンレム睡眠の4段階は脳波パターンに基づいて分類され，段階1は低振幅のシータ波（周波数4〜7Hz）が現れ，段階2は睡眠紡錘波（周波数14Hz）と高振幅徐波のK複合が短く群発する。段階3と段階4は高振徐波のデルタ波（周波数1〜3Hz）が連続する。正常な睡眠下ではこれらの段階順に睡眠感が深くなる。レム睡眠は段階レムとして区別される。

　成人の一晩の睡眠は，ノンレム睡眠とレム睡眠のセットが約90分の周期で数回繰り返し，睡眠前半は深い眠りのノンレム睡眠（段階3と4）が優勢に現れ，後半はレム睡眠（段階レム）の出現が延長する（図9-5）。睡眠前半に深い眠り（段階3と4）が優勢に出現するのは，就眠前の覚醒時間の延長で失われた眠りを睡眠の量（長さ）ではなく質（深さ）で埋め合わせるホメオスタシス性の補償機能によるとされる。つまり，日中の覚醒時間が延長する間に脳内に増強した睡眠圧（睡眠誘発物質）が，生物時計で決定された睡眠開始とともに，一挙に放出されて脳波活動の徐波化をもたらすと考えられている（Borbély &

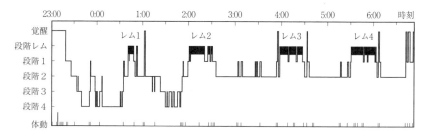

図9-5　成人の一晩の睡眠経過図（広重，2009）
眠りはノンレム睡眠（段階1〜4）から始まる。ノンレム睡眠とレム睡眠（段階レム）のセットが一晩に数回（本例は4回）繰り返し出現する。縦軸の睡眠段階は脳波パターンに基づく分類で，眠りの深さを示す。

Achermann, 1992)。

　ノンレム睡眠とレム睡眠の機能は異なる（図9-6）。ノンレム睡眠は大脳を休息させる眠りで，前脳基底部（前頭葉底面の後端，視索前野）と間脳の視床下部がその発生を司る。タンパク質の生合成と，疲弊した組織の修復に関わる成長ホルモンが分泌される。レム睡眠は脳幹の橋とその周辺が発現を制御し，大脳を活性化する眠りである。レム睡眠中は，興奮性の神経伝達物質（アセチルコリン）が放出され，脳温，脳血流，脳波，自律神経系が覚醒に近い活動水準にあり，視覚性の夢見が多い。夢見

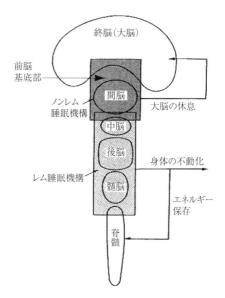

図9-6　眠る脳と眠らせる脳との関係
（井上, 1989）
ノンレム睡眠とレム睡眠の機能および，その発生を制御調整する脳領域。

は，レム睡眠の発見当初（1950年代）にレム睡眠特有の心理事象と考えられたが，現代ではノンレム睡眠時にもある程度の夢見の体験が確認されている。レム睡眠の夢はより鮮明で奇怪なものになる傾向がある。

コラム ● ゲーム障害

　ゲーム障害は世界保健機関（WHO）が 2019 年に認定した疾病で，国際疾病分類第 11 版（ICD-11）において制御不能と優先化を特徴とするデジタルゲーム行動あるいはビデオゲーム行動と定義されている。症状は，①ゲーム時間のコントロール不能（最長 1 日 16 時間），②通勤通学よりゲーム優先，③朝の起床困難と昼夜逆転の生活，④引きこもりを示す。わが国では男性に多く（85%），低年齢化の傾向がある。加療による回復が可能である。

設問　心的ストレスについて述べなさい。

設問　レム睡眠とノンレム睡眠を比較しなさい。

10章

言語と思考

1. コトバの表象と意味

　人間は見聞きし触れた外界をコトバ（言語）で再構成し，自我の自己像をコトバで描き語る。コトバは眼前の事物を示すだけでなく，五感が遠く及ばない時間と空間を超えた事物や事象を指示することができる。コトバ（指文字）を知ったヘレン・ケラー[注12]は，閉ざされていた暗黒の世界が意味ある世界に変化した。すべての物に名前があり，名前の1つ1つが新しい考えを生み，手に触れるものすべてが生命に満ちていることを実感した。

　「突然私は何か忘れていたことをぼんやりと意識したような，思考が戻ってきたような，戦慄を感じました。言語の神秘が掲示されたのです。そのとき，『W-A-T-E-R』というのは私の手に触れてくる，素晴らしい冷たい何かであることを知ったのです。その生きた言葉が魂を目覚めさせ，光と望みと喜びを与え，自由にしてくれました。」(Keller, 1902)

注12：ヘレン・ケラー（Keller, A. H., 1880 ～ 1968）は1歳半のときに，高熱に伴う髄膜炎に罹患して聴力と視力を失い，話すこともできなくなる三重の障害を負った。わがままに育ち，粗野で乱暴な生活を送っていたヘレンであったが，家庭教師アン・サリバン（Sullivan, A. 1866-1963）の粘り強い「しつけ」教育と「指文字」指導で立ち直った。

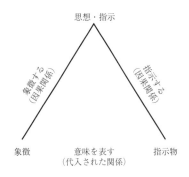

図 10-1 意味の三角形
(Ogden & Richards, 1923)

コトバが意味をもつとはどういうことだろうか。それは記号論・意味論の古典的名著『The Meaning of Meaning（意味の意味）』(Ogden & Richards, 1923) のなかで定式化されている「意味の三角形」によると、コトバの意味は思想、象徴、指示物の三者の関係で定まる（図10-1）。たとえば、「犬」というコトバと街中でみかける動物（指示物）との結びつきは間接的なものであって、コトバが引き起こすイメージと目前の動物の知覚像が思想のなかで一致するにすぎない。象徴であるコトバと思想（人間）とは因果的な関係にあり、使用する場面で正確であることが問題になる。思想と指示物の関係は直接（知覚像）あるいは間接（伝聞）の結びつきであり、適切さが問題になる。象徴と指示物の結びつきは、人間の思想を介して「意味する」関係にあり、言語社会の随意的な約束にすぎない。したがって、「犬」というコトバが指示するものは動物、人間、玩具のいずれでもよい。

2. コトバの発生と話し聞くコトバの連鎖

　人類がコトバを獲得する契機となったのは、意思疎通を必要とする共同作業の労働と関係がある（1章参照）。共同作業を円滑に進めるうえで意思疎通のコミュニケーションが必要になり、その手段として手が利用される。利き手（多くは右手）の運動の発達は、その運動を制御する左大脳半球の機能を発達させ、その結果として、言語機能（言語中枢）が左脳半球に局在する可能性が生まれたのであろう。そうして獲得された言語機能は、種の財産として遺伝情報に組み込まれ、個人から個人へ幾世代にもわたり伝えられてきた。
　個人と個人の間のコミュニケーションは、相互の情動的喚起を背景に、言語学的段階・音響学的段階・生理学的段階の連鎖から成立する。話し手と聞き手

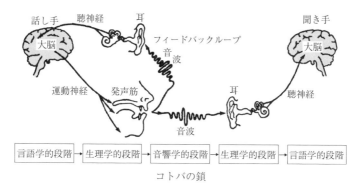

図 10-2 コトバの連鎖とコミュニケーション（Denes & Pinson, 1963）

の情報交換の過程である（図10-2）。話し手の大脳は情動的に喚起された話したい事柄を文法規則に従って言語符号に変換し，その神経情報を運動路を経て発声器官に送る。その出力は空気中を音波（媒質の振動方向が波の進行方向と同じ縦波）となって聴き手に伝わる。聴き手の側は，聴覚器官で受け止めた音声を神経情報に変換すると，聴覚伝導路を介して大脳側頭葉（聴覚中枢）に伝える。大脳に届いた神経情報を言語符号に翻訳し，記憶情報と照合し解読する。また話し手の発話内容は自身の聴覚系にフィードバックされ，聴き手と同じ処理によって解読される。このフィードバックの仕組みがあることで，話し手は伝えたい内容をよりよく理解できる。

3. ひとりごとと内言

　人間は，他の動物と異なり，自由な活動中にしばしば声を出して自分自身に向かって喋る特徴がある。このひとりごとは健常な精神活動であり，周囲の人が聞いているかどうかに関心がなく，周囲の答えを求めることもしない。ひとりごとを幼稚園児で観察したスイスの心理学者ピアジェ（Piaget, 1974）によると，子どものひとりごとは7歳までの幼児にしばしば現れる言語的な伴奏で，社会性の未発達な自己中心性を表すコトバ（自己中心的言語）である。それが

自発的言語全体に占める割合（自己中心性係数）は年長になると減少する。これに対して，ロシアの心理学者ヴィゴツキー（Выготский, 1934）は，子どものひとりごとの量が課題の難易度と関係することに着目し，困難な課題場面に取り組む子どもはひとりごとの量が2倍に急増し，困難がなくなると大幅に減少することを見出した。ひとりごとは，困難な課題に直面して思考の範囲が広がり，それまでの習慣化した動作やイメージでは対応しきれなくなるとき，もともと伝達の手段であった外言が思考に参加する形で発声されたものと理解されている。ちなみにロシア語の「ひとりごと」は，「声に出して考える」（думать вслух）と表現する。幼児のひとりごとは，言語と思考の発達路線の交叉として，次のように説明されている。

　　「外言と内言の過程を結びつける中間の環，二つの過程の間の過渡的な環を……いわゆる『自己中心的』言語の中に見る」（p.149），「子どもの発達においても知能と言語の発生的根源と路線は違っている……これら二つの発達路線の交叉が起こり，それらは会合する。言語は知能的となり，思考は言語的となる。」（p.158），「子どもの思考は……，すなわち言語に依存しながら，発達する。」（p.163）（ヴィゴツキー著『思考と言語』，1969）

　子どもの言語活動はまず，遊びや勉学の場面で他者に話しかけ，他者から話しかけられる精神間機能の話し聞くコトバ（外言）として現れる。思考の発達とともに外言は自己に向けられ，自己に話しかける精神内機能のコトバ，つまり内言に変化する。内言の参加によって思考は言語的になる。内言は音声を伴わない自分のための自分にしかわからないコトバである。一定の文法構造に制約された外言と違い，より簡略化され圧縮された，非文法的で述語の連鎖からなる速記的なコトバと考えられている（Выготский, 1934）。

4. コトバの神経学的機序

　人間が1歳頃から母語を話し始めるのは謎であるが，言語活動に関与する左大脳半球の神経回路が活性化されることと関係があると推測される。言語機能は，大脳神経回路の分業と協調という統合的な働きで実現される。左大脳半球に2つの言語領野（言語中枢）が局在することは，19世紀の失語症と脳の損傷部位の剖検から確認された（図10-3）。1つは前頭葉の第3前頭回（回は大脳皮質の凸部を表す用語）にあるブローカ領野で，その損傷は相手の話は理解できるが，発話が困難な運動性失語症を引き起こす。有名な「タンの症例」は何を尋ねられても「タン」と返事をした。もう1つは側頭葉の上側頭回にあるウェルニッケ領野で，その損傷はコトバの発声は流暢であるが，相手の話している内容が理解できない感覚性失語症をもたらす。この2つの言語領野は弓状束という神経束で連絡されている。弓状束が損傷されると，音韻性錯誤と復唱困難の症状を示す伝導性失語症が生じる。こうした神経構造は，人間の言語活動が

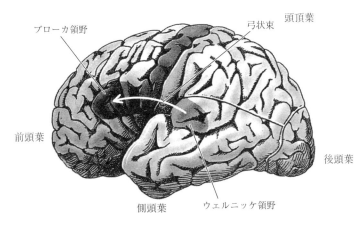

図10-3　コトバの神経学的機序（ブルーム，2004を一部改変）
発話と言語理解に関与する言語中枢は，前頭葉のブローカ領野（第3前頭回後方の44～45野）と側頭葉のウェルニッケ領野（上側頭回後部から角回にかけての22野，39～42野）に局在する。2つの言語中枢を弓状束（この図では見えないので矢印で示している）が結合する。

話し聞くコトバとして発生したことを示唆する。

5. 大脳半球の機能差と可塑性

左右大脳半球の機能差あるいは脳の側性化は、分離脳患者の神経心理学的研究（Sperry, 1966）で実証されている（図10-4）。左右大脳半球は、神経線維の束である脳梁（のうりょう）と交連線維で連絡されている。分離脳はてんかん手術のために、この連絡線維が切断された脳である。分離脳患者は、左視野に提示された文字パターン（KEY）を認知して、対応する物品を正しく左手でつかむ。ところが、左手でつかんだ物品の名前は正しく言えず、右視野の文字パターン（RING）で答えた。すでに述べたように、視神経路は脳下垂体の上で交叉し（4章参照）、左視野の情報は右脳半球に、右視野の情報は左脳半球に投射する。また、随意運動の神経路は延髄の錐体で交叉し（6章参照）、右脳半球は左手の運動を、左脳半球は右手の運動をそれぞれ制御する。

つまり、分離脳患者は神経路の交叉が存続しているので、右半球において視覚と運動の協応が成立する。しかし、右半球の左視野情報（KEY）は脳梁切断のため、左脳半球に届かず言語符号に変換されない。そのため口頭で応答する際、左半球に投射された右視野の情報（RING）のみが言語符号に変換されて発声される。その結果、左手でつかんだ物品（鍵）の名称を右視野の文字パターン（RING）で答える、という不可解と思われる現象が生じた。

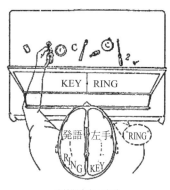

分離脳患者の実験

図10-4 コトバに関わる大脳半球機能の左右差（Sperry, 1966）
分離脳患者はスクリーン上の左視野の文字「KEY」を見て、左手で鍵を正しくつかむ。しかし、手につかんだ物を「RING」と呼ぶ。なぜか。スクリーン上の左視野の文字「KEY」は右脳半球に投射されるが、脳梁切断により左脳半球に届かない。左脳半球に投射された文字パターン「RING」のみ言語化された。

右視野の情報の認知によって，右手でつかんだ物品の名称は当然，正しく発声される。この研究は，左右の大脳半球はそれぞれ独立した異なる機能を営み，脳梁と交連線維を介した統合によって正常な精神活動が保障されることを示す。その後の研究で，右半球にも文字カードを連結して単語を構成する言語機能の存在が確認されている。

一般に言語機能は左半球に局在するが，それは主要な利き手が右手であることと関連するのではないかという興味深い推論がある。キムラ（Kimura, 1967）によると，利き手（多くは右手）の繊細な運動は，それを支配する大脳半球が損傷を被ると複雑な連続運動や指の複雑な位置の再現が困難となり，聾唖者では手話ができなくなる。手指による意思疎通（広義の手話）は進化の過程で利き手（多くは右手）を支配する左脳半球を発達させ，手の言語機能を発声の筋肉組織に伝え，口頭による言語機能の半球局在（側性化）を促したのかもしれない。

人間の脳は可塑性に富む。すでに紹介したように，生まれながらに備わっている視覚機能の方位特異性は，生後の経験によって変化する（4章参照）。同様に，言語機能にも可塑性，特に代償機能がある。幼少期に不幸にして左大脳半球の言語領野に損傷を受けて言語障害を被った症例は，早期の適切な訓練を施すことで，右大脳半球の代償機能により言語障害の回復がかなり可能となった。大脳半球には言語機能の側性化に可塑性があることを示唆している。

6. 第二信号系

条件反射学はコトバの機能を脳の信号系の働きと考える。無条件刺激と対提示される条件刺激は大脳において一時結合を形成し，現実の物理的世界の関係を反映した第一信号系となる。この信号系は人間と動物に共通する。梅干しの色や形の感覚像も，梅干しを口に含み食べる経験があれば，ベルの音と同様に条件反射性の唾液分泌を引き起こす第一信号系をつくる。

一方，コトバは第一信号系を信号する，人間に固有の第二信号系である。

「ウメボシ」の音声や梅干しの文字パターンは，唾液を引き起こす。その感覚情報は言語中枢において言語符号へ変換され，その言語符号が第一信号系の一時結合を駆動して，条件反射性の唾液分泌反応を引き起こすと推定される。第二信号系は現実の具体的な刺激作用から遠ざかるが，現実の事物の特徴を抽象的かつ客観的に把握させる（ヴァツーロ，1970）。

7. 思考の様式と方略

　思考は人間の知的作用を総称する概念で，大きく2つの様式に区分される。1つは言語的思考である。これは言語や記号を操作して論理的で抽象的に問題解決を進める内的プロセス（推理，判断，洞察など）であり，思考が言語的になることをいう。言語的思考は教科学習の対象であり，知覚体験された多様な現象の本質を学ぶ（たとえば，燃焼は酸化反応によって熱と光が発生する現象）。もう1つの思考様式は動作的思考（非言語的思考）で，知恵の輪や折り紙，スポーツ，機器の操作，演奏，描画などのように，身体の動作を介して問題解決を進める内的プロセスである。現実には，この2つの思考様式は相補的に運用されている。

　問題解決には2種類の思考の方略がある。1つは明確な規則と手順に忠実に

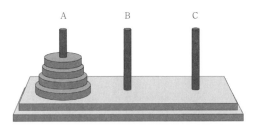

図10-5　「思考のプロトコル」に挑戦：ハノイの塔（E. Lucas考案）
杭Aの円盤の山を杭Cに移したい。ルールは，1回に移動できる円盤の数は1枚で，小さな円盤の上に大きな円盤を置いてはいけない。杭Aの円盤の山が3枚のときは7回の移動で杭Cに移せる。では，杭Aの円盤の山が4枚のとき，また5枚のとき，最少の移動回数は何回だろうか。
成功と失敗を問わず，杭Cに移動する過程で体験する推測，気づき，迷い，あきらめ，驚きなどを記録し，あなた自身の思考過程を知ろう。

従って解き進め，特定の最終解に至るアルゴリズム方略（解法）である。数学の方程式の解法はその好例である。もう1つは創造性と深い関わりのあるヒューリスティック方略（発見法）である。この方略は，最終解に至る手順は不明確で見通しが立てにくい場面で必要になる。まず手がつけられそうな下位目標を設定して取りかかり，それがうまくゆけば次の目標へ進む（前向探査）。失敗すれば立ち戻って下位目標を考え直す（後向探査）。そうした試行錯誤を積み重ねてゆく過程で，最終解に至る瞬間（ひらめき）が訪れる。図10-5の「ハノイの塔」に挑戦して思考の方略を確認していただきたい。

8. 思考の創造性とバイアス

　思考はその目的から，再生産的で再発見的な性質の強い収束的思考と，未知の解決に向けて新しい知識や技術を創造する拡散的思考に分けられる（Guilford, 1967）。アルゴリズム方略の多くは，確定している論理的操作や手順に従って特定の最終解に至ることの習得が目的となるので，収束的思考である。初等教育や中等教育での教科学習の多くは収束的思考を培う。一方，ヒューリスティック方略は，創造性と密接な関係があるので拡散的思考である。思考の創造性は一挙に成し遂げられるものではなく，問題解決の場面での曖昧さに対する柔軟さと寛容さ，発想の転換，思考の自由な展開などが必要になる。創造性は準備（問題をあらゆる方面から検討）・あたため（意識的な考えを巡らすことなく，無意識のうちに検討）・インスピレーション（ひらめき）・検証（アイデアの妥当性の検討）といった過程を幾重にもたどり，長期におよぶ忍耐と努力の産物である。発明王エジソン（Edison, T. A.）の名言「天才とは1%のひらめきと99%の努力（汗）」（Genius is 1% inspiration and 99% perspiration）は，そのことをよく伝えている。

　しかし，思考の自由で創造的な展開は，先入観や常識あるいは構えの硬さなどによりしばしば妨げられる。思考の創造性を妨げる障害について，哲学者フランシス・ベーコン（Bacon, F.）は，著書『ノヴム・オルガヌム（Novum

Organum, 1620)』のなかで，人間が陥りやすい謬見（偏見）に「4つのイドラ」があり，それを排除するための帰納的思考の重要性を説いている。4つのイドラとは，①万物を人間に理解できるように変形し，投射してしまう人間の本性に起因する「種族の謬見」，②個人の特殊な性質・境遇・教育などの影響を受けて，洞窟の中から外界を眺めるように対象の見方を歪める「洞窟の謬見」，③社会的な協同生活のなかで発生し，不適切な言動に支配される「市場の謬見」，④伝統的に継承された学説や知識を無批判に受容することから生じる「劇場の謬見」である。

　こうした偏見は自覚されにくく，たとえば保育士や子育てと聞くと女性を連想するというように，差別的な言動の背景に潜む「無意識の偏見（アンコンシャス・バイアス：unconscious bias）」と関係がある。既存の概念枠，地位，年齢，性差，経験の違いにとらわれることなく自由な意見交換によって偏見に気づくことは，思考の障害を軽減・除去し，創造性を促すうえで大切である。ブレインストーミングやKJ法[注13]は，その技法として有用である。ブレインストーミングは年齢，性別，地位などにとらわれないでアイデアを出し合う会議の運営方法である。結論を急がずに多面的にアイデアを出し，自由奔放な発想を大切にし，他者の意見を尊重し，互いのアイデアを結合する4つの原則を守る。

　「思考の道筋を楽しむコーナー」（p.140）で思考の創造性とバイアスを再確認していただきたい。

注13：KJ法は，文化人類学者の川喜多二郎が考案した創造的思考法で，断片的な情報をカードに記入した後に，記入内容に即してカードの並び替えやグループ化を行い，有意味な情報を見つけ出し構造化する。

コラム ● 母語は国語か方言か

　国語は国民の精神活動を統合する手段として国家が制定し，教育・メ
ディアを介して普及する公用語（標準語）である。明治政府は東京山の
手のコトバを標準な国語として定めた。戯曲『国語元年』（井上ひさし，
1986）は「全国統一の話しコトバ」の制定を巡り，お国訛りの母語で混
乱する明治政府の役人の姿をコミカルに描いている。石川啄木の「ふる
さとの訛りなつかし停車場の人ごみの中にそを聴きにゆく」とあるよう
に，方言は故郷に固有の発音，抑揚，語彙が豊かに含まれた「おくにこ
とば」である。同じ郷土の人同士の会話はいつしか方言で弾む。

コラム ● 話しコトバの面白さ

　日本語の話しコトバは同音異義語を活用した「オチ」が愉しめる。落
語の手習い小話の「向かいの空き地に囲いができた。見ておいで」に
「へ〜い」とオチる。「このはしわたるべからず」の立て札を読んだ一休
和尚が橋の真ん中を堂々と歩いたのは有名な頓智話。子どもたちの「な
ぞなぞ」もかわいい「オチ」がある。「10 匹の蟻さんはどんなお礼を言
いましたか？」「いつも静かに笑っている店はどんな店？」「食べられな
いお餅はどんなもち？」などなど……。

思考の道筋を楽しむコーナー

下の3題を解き，思考の方略と創造性・障害を再確認しなさい。

【覆面算】

右のアルファベットに0～9の整数を入れて足し算の筆算を完成しよう。同じアルファベットに同じ整数が入る。

ヒント：桁上がりの値は常に1，整数0の性質を考える。

【ピアジェのオモリと天秤】

形と大きさが同じオモリ8個のなかに，軽いオモリが1つある。最も少ない回数で天秤を使って，その軽いオモリを見つけたい。確実に見つけるにはどうすればよいか。

【ウェイソンの4枚カード】

右の4枚のカードは片面にアルファベット，その裏面に数字が印刷してある。今，「もし片面の文字が母音であれば，その裏面の数字は偶数である」との約束を守って印刷がされているかどうかを確かめたい。どのカードとどのカードを裏返せばよいか。

11 章

「こころ」の発達と発達障害

　子どもはおとなの小さなコピーではない。身体の成長を基礎にして，独自の内的世界を展開し発達する存在である。現代の子ども観は子どもの生存，発達，保護，意見表明，表現の自由，健康，教育などの諸権利（子どもの権利条約）を保障する社会条件と人間関係を重視している。また，「少子高齢化」社会のなかにあって，個人の一生をとおして発達をとらえる生涯発達の考え方が普及しつつある（本章のコラム参照）。

I. 発達と成熟

　発達は成熟（発育）と学習の2つの面をもつ。成熟は先験的，遺伝的に決定されている完成系（おとな）に接近してゆく子どもの成長過程を説明する概念である。たとえば，スキャモンの身体の成長曲線（図11-1）は成人20歳の身体を基準値（100％）にとり，身体の各器官の大きさの相対的変化を生活年齢に沿って描いている（Scammon, 1930）。

　一方，発達は生物的なヒトから脱して人間となる過程を説明する概念である。それは人間の文化社会が受け継いできた行動様式，たとえば生後の初期の段階から始まる基本的な生活習慣（寝起きのリズム，二足歩行，手の使用による食事，洗面，着替え，排泄など）とコトバ（母語）を獲得（学習）する過程である。その経験が不足すると「野生児」に陥る危険がある（本章のコラム参照）。さらに発達は，社会が用意している発達課題を自らの課題として主体的に取捨選択し，

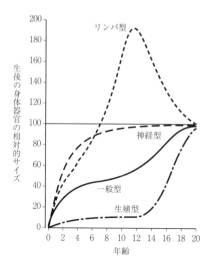

図 11-1　スキャモンの身体の成長曲線
(Scammon, 1930)
生後から 20 歳になるまでの器官の成長（発育）を，20 歳の器官のサイズを基準（100%）にして描いた曲線。成熟は 4 つのタイプに分類される。
リンパ型（胸腺，リンパ節など），神経型（脳とその部位，硬膜，脊髄，視覚器，頭部など），一般型（身長，体重，呼吸・消化器官，腎臓，肺幹，脾臓，筋肉，骨，血管など），生殖型（陰茎，睾丸，卵巣，前立腺，尿管など）。

多様な自己の統一を探し求める自我同一性（アイデンティティ：identity）の形成過程へと運んでゆく。

2. 初期経験

　行動の発達に影響するおもな要因は遺伝，出世前環境（母体），出生後環境，初期経験，学習（6 章参照），心的外傷（9 章参照）の 6 つがある。初期経験は，特定の動物種に恒常的に与えられる感覚的経験であり，それには親やきょうだいなどの周囲からの積極的で持続的な関わり方が大きく影響する。生後直後に母ザルから分離され，きょうだいからも離されて飼育された雌ザルは，幼い頃はタオル布で包まれた代理母親に始終しがみつき，母親の温かみを求める行動（愛着）を示した（図 11-2）。成長後は成熟したサルの正常な行動を示さず，雄ザルとの交尾を拒絶する。たとえ子どもを産んでもわが子を外敵から護ることがなく，危険な場面に遭遇すると自虐的行為に逃避する（Harlow, 1958）。幼少の頃からネズミと一緒に育てられた仔ネコは，ネズミを殺す傾向をほとんど示さない。仔ガモの後追い行動は本能行動であるが，後追いの対象は孵化直後の経験（出会い）によって決まる（6 章の刷り込み参照）。人間の乳児は，生後 1

II章 「こころ」の発達と発達障害

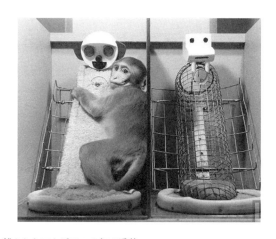

図 11-2　母子分離されたアカゲザルの仔の愛着
仔ザルはミルクが飲める針金の代理母親（右）よりも，布の代理母親（左）に抱きついて過ごす時間が多い（Harlow, 1958）。

年の間に周囲の大切な人々との感覚的触れ合いをとおして喃語（赤ちゃんコトバ）を盛んに発し，母語の発声に必要な唇・舌・声帯の使い方を身につける。

3. レディネス（学習準備性）

　遺伝情報（ゲノム）が均質な一卵性双生児の姉妹を対象にしてゲゼルらが実施した階段上り訓練の実験は，学習成績の向上には神経系の準備性（レディネス：readiness）を必要とするという成熟優位の考えを提示した（Gesell & Thompson, 1929）。1927年生まれの一卵性双生児の妹Tは，生後46週目から6週間にわたり階段上りの訓練を受けた（5月24日〜6月30日の期間に週6日，毎回10分間の訓練）。姉Cは当初その訓練は実施されなかった。妹Tは階段を10回上りきるのに開始から29日間，25回の訓練を必要とした。姉Cは生後57週目から階段上りの訓練を始めたが，わずか開始から10日間，9回の訓練で階段を10回上りきった。一卵性双生児の遺伝情報が同一であれば，姉Cの学習成績の向上の速さには，生後46週から6週間余りの間に準備された神経

系の成熟が影響していると考えられた。

　近年のレディネスの考え方は，年齢進行に伴う自然成立のレディネスから，教育的な働きかけによる形成的レディネスへ移行している。学習者のレディネスの形成は学習成果に影響するとされ，課題の明確化，目標の設定，目的の理解，正しい評価，復習が形成のキーとなる。

4. 生涯発達と発達課題

　高齢化社会を迎える現代は元気な高齢者が増え，発達を誕生から高齢までを含めた個人の人生をとおして考察する生涯発達の考え方が一般的になりつつある。人生の重要な問題の解決にどのように知識を活かすかという知恵についての聞き取り調査（Smith & Baltes, 1990）によると，知恵の働かせ方には年齢差（25歳から81歳）がなく，各個人の人生経験が反映されている。中高年の知恵が社会を活性化する財産として共有されることで，より若い世代の発達を人生の1コマとしてとらえ直す有益なヒントが得られるであろう。また，反抗期は子どもが親から自立する心理的離乳の発達過程であるが，同時に保護者が反抗期の子どもと向かい合う経験をとおして親として成長する過程でもある。発達は，子どもと保護者が相互に作用するなかでそれぞれが実現する過程とみなすことができる。

　個人の生涯にわたる発達過程は，さまざまな時期（段階）に達成し乗り越えなければならない課題，発達課題が待ち受けている（Havighurst, 1972; Erikson, 1968）。乳児期は誕生の瞬間から社会的集団のなかで，睡眠覚醒リズム，食事，洗面，排泄，二足歩行，衣服の着脱，挨拶などの基本的な生活習慣と基礎的な母語（話し聞くコトバ）の修得が課題である。幼児期は自我が芽生え，母親との肉体的な共生を断つことが課題である。自己の欲求や考えを主張し，親の要求に反対し拒否する第一反抗期を迎える。学童期の子どもは，勤勉さと他者との競い合いをとおして，一定の自信と有能感（コンピテンス）を体得する。気の合う仲間と共通する目標をもって活動する。

II章　「こころ」の発達と発達障害

　青年期は自身に適した役割と価値観を主体的に模索し，多様な自己の連続性を統一する自我の同一性（アイデンティティ）の形成という新しい課題に直面する。子どもから脱しておとなへ移行する過程にあり，子ども社会にもおとな社会にも属さない周辺人である。社会的な承認や他者からの尊敬に強い関心を抱く一方で，既存の価値観や伝統に必ずしも従いきれない自己を知る。それ故，信頼できる仲間や友人の存在が重要になる。

　成人期は就職，結婚，子育て，経済的自立という大きな責任ある課題を乗り越える過程である。社会的地位や承認を獲得し，仕事や事業の成功あるいは失敗を経験する。家族の愛情と職務の充実感を体得することで自我の同一性を確立する。

　老年期は，子どもたちの自立や退職を経て，次世代との円滑な交代が求められる。身体機能の衰えを実感し，社会的役割とコミュニケーションの稀薄化のなかで気力が後退しがちであるが，地域社会に根づいて健やかに精力的に活動することで新たな生き甲斐を見出すことができる。

5. 発達の危機

　発達課題は，ハードルのように単に乗り越える課題ではない。課題の達成は，精神的にも社会的にも健全で幸福に生活でき，次の新たな発達課題の達成を容易にする。発達課題が達成できない場合は，充実した生活を送ることができず，次の課題の達成が困難になる。発達課題の達成の成功・失敗はそれに応じた，正と負の心理状態（信頼と不信，自律と恥，勤勉性と劣等，同一性と拡散，親密さと孤独）をもたらす発達の危機でもある。そうした発達観を提唱したエリクソン（Erikson, 1968）によると，人間の発達段階は乳児期（0〜1.5歳），幼児期（1.5〜4歳），就学前期（4〜5歳），学童期（6〜11歳），青年期（12〜19歳），成人初期（20〜30歳代），成人期（40〜50歳代），老年期（60歳代〜）の8段階に分類され，それぞれに質的に異なる危機がある。

　乳児期の基本的な生活習慣の形成と基礎的な母語の習得には，周囲の大切な

145

人々の積極的で持続的な援助，そして情緒的な接触（愛着，アタッチメント）が重要な役割を果たす。それがうまく成功すれば信頼感が育つが，失敗すると周りに不信感をもつようになる。

　幼児期は自我が芽生え，何事にも自分で挑戦し，いろいろな意思，目的意識，感情を体験する。親の言うことを聞かない困った子である第一反抗期にあたるが，周囲からの抑制や叱責が重なると自律性を失い，罪悪感を抱く。

　学童期は，「将来何々になりたい，何々をしたい」と希望をもち，その実現に向かって学業やクラブ活動などに努力する。一定の成功体験によって自信と有能感を体得する。しかし，十分な成果が得られないと，劣等感や孤立感に苦しむ。悩みの相談ができる友人やおとなを必要とする。

　青年期は心理的離乳の第二反抗期であり，保護者への依存から抜け出し，一人の自立した人間として生きてゆこうとする。親は「うるさい」存在として映る。幼少期から培ってきた自我と，進学・就職を控えた新しい自我とが葛藤し，「わたしは何者か」「わたしはいかに生きるべきか」と自問しつつ，自我同一性の形成に進む。信頼できる友や仲間と出会い，自己に適合する社会的な価値，規範，権威，役割を取捨選択する。多くの青年は，その選択をとおして自己を肯定的に受容する自尊感情を抱く。失敗すると自己の可能性を疑い，同一性が拡散する。

　成人期は発達課題を克服することで，生きる自信，他者との信頼関係，家族への愛情を獲得し，社会的貢献に意欲を強め，自我同一性を確立する。しかし，倒産や仕事上の失敗あるいは家庭の崩壊，さらには心身の疾病などにより発達課題の達成がうまく進まないとき，社会的役割や地位を失うなどの疎外を体験するなかで孤独と自己卑下に陥る。

　老年期（高齢期）は人生を肯定的に総括するなかで，次世代の若者に助言し，やがて訪れる自己の死あるいは伴侶との死別を冷静に受容する傾向が生まれる。しかし，独り身となり，病弱で「生きていても何の役にも立たない」と自己否定の思いにとらわれるとき，不安やうつなどの精神状態に陥るリスクがある。

6. コトバの発達

　コトバの発声には，発達的に変化する刺激−反応の関係がある。乳児の泣き声や叫び声は，身体の内部環境に生じる生理的変化（空腹・排せつの欲求）が刺激となって現れる原始的な音声である。生後3ヵ月〜10ヵ月には不明瞭であるが，あらゆる音素（母音，子音）を含む喃語（赤ちゃんコトバ）が現れる。喃語は発声器官の発達を促す「コトバ刺激−反応の段階」にあり，親との交流をとおして，おとなのコトバを模倣する反応として盛んに発声される。しかし，具体的な対象を指示する機能はもたない。その後（2，3歳まで），特定の対象や当人の心理体験が刺激となり，それをコトバで言い表す「刺激−コトバ反応」の段階に移る。語彙が増え（200語），「ワンワン」や「ブーブー」などの擬声語・擬音語でイヌや乗り物を表す1語文，「これなに」と物の名前を尋ねる2語文，「父チャン嫌イ，ナイ」のように頭に浮かんだことから言い始めて後で不足を言い足す羅列文が現れる。続いて（4，5歳まで），コトバが刺激となりコトバで反応する「コトバ刺激−コトバ反応」の段階へ入る。「なぜ」を連発して物事の関係について説明を求め，1日の出来事を語り，他者との会話を楽しむ。語彙が急増する（900〜1500語）。

　概念獲得の点からみると，子どものコトバはいくつかの段階を経て発達する。まず，刺激複合体の一成分としてコトバは機能する。この段階では，「ママはどこ」と訊かれると，「ママ」のコトバは，子どもが振り向く先に見える自分の母親の姿や，声などの視覚・聴覚刺激と一体になって作用する。次の具体的な特定の対象を指示する段階（1〜2歳）では，「ママ」は自分の母親のみを意味し，他者（友だち）の母親は「ママ」ではない。1つのコトバが複数の対象と結合する段階（2歳以降）になると，「ママ」は他者の母親にも適用される。続いて「おもちゃ」「色」「どうぶつ」といった抽象的な概念を理解し始める段階（3，4歳まで）を経て，より抽象度の高い概念を使用する段階（5歳以降）へ進む。この段階では「ぜんぶ」という概念を「おもちゃ」「色」「どうぶつ」な

どに適用するようになる。

7. 思考の発達

　子どもの思考は，おとなの思考様式の単なるコピーでも，その小型版でもない。それ特有の発達のプロセスがある。

思考の発達段階

　ピアジェによると，子どもの知性はそれ特有の図式（シェマ）をもち，それに依拠して外部環境を取り扱う同化，扱えないときに図式を変更する調節，より適応的な図式へ発展させる均衡の機能を備えている（Piaget 1964）。子どもの知性は，より均衡のとれた図式に内発的に発達する過程であり，大きく4つの発達段階（年齢）に区分される。まず，見て触る行為を繰り返す循環反応，事物の永続性の理解（隠された物を探す定位探索行動），そして模倣行動を特徴とする感覚運動的知能の時期（2歳頃まで）から始まる。次いで，直感に基づく概念化と分類は可能であるが，他者の視点からの観察力を問う「三つ山問題」に失敗する自己中心的な前操作的思考の時期（7歳頃まで）を経て，自己の経験の範囲内にとどまるが論理的な推論ができる具体的操作の時期（11歳頃まで）に至る。その後，記号操作を中心とした推論と仮説演繹的な推理を行う形式的操作の時期（12歳以降）に入ると，「ピアジェのオモリと天秤」問題の抽象的解決が可能になる（p.140の思考の道筋を楽しむコーナー参照）。

思考の最近接発達領域

　ヴィゴツキーによると，子どもの思考（科学的概念）の発達には2つの異なる水準がある。今，二人の10歳の子どもがいて，現在の発達水準がともに8歳であるとする（独力で解けた問題で決定）。子どもたちは解き方のヒントをおとなから与えられて（教授），あるいは子ども同士で助け合って（協同），より高い年齢の問題を解くことに挑戦した。一人の子どもは9歳の問題が解け，も

う一人の子どもは12歳の問題が解けた。このように他者の助けを得て解けた問題で決定される発達水準のことを，潜在的な発達水準(明日の発達水準)という（Выготский, 1934）。現在の発達水準と潜在的な発達水準の間にある差は，子どもの思考が成熟する可能性をもつ最も近い領域，つまり最近接発達領域と呼ばれ，この例では1歳と3歳である（図11-3）。最近接発達領域の概念は，子ども一人ひとりがもっている発達の力動的で潜在的な可能性を引き出し展開させる科学的教授の重要性を示唆している（ヴィゴツキー, 1975；中村, 1994）。

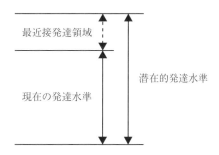

図11-3 最近接発達領域のイメージ図解
(中村, 1994)
最近接発達領域は，科学的概念の教授を有効にする子どもの発達的な内的条件，「最も近接した可能性の領域」である。

対による思考

フランスの精神科医で心理学者のワロンによると，思考はコトバと不可分であり，おとなが語りかける対話のなかで発生すると考えられている。思考の最も基本的な構造は，コトバ刺激とコトバ反応の「対」である（Wallon, 1945）。子どもに「風ってなあに」と問うと，「風っていうのは寒いときのこと」と答える。さらに，「そのときは雨がふる，それで風がふく」と説明が返ってくる。風－寒さ，寒さ－雨という対で思考が進行している。しかし，風は空気の気圧差によって発生して気温を変化させるという，対による論理的な思考が可能になるのは「9, 10歳の節」（あるいは「9, 10歳の壁」）以降とされる（田丸, 2002）。

8. 発達障害と発達検査

障害とは，「心身機能・身体構造」「活動」「参加」の3水準が相互作用する

「生活機能」が構造的に低下した健康状態であり，背景に環境因子の影響がある。したがって，疾患に起因する機能・形態障害と能力障害がもたらす社会的不利に限定されてはならない（国際生活機能分類 ICF, 2001）。

　発達期にある子どもが，知的な遅れを全般には認めないが，他の同年齢の子どもにはみられない「気になる」行動障害を示す場合，これを発達障害という。発達障害は少なくとも 3 歳以前から出現し，早ければ 1 歳半健診時に気づかれることもある。そのため，早期発見と早期対応は，教育・保育そして医療の重要な課題である。発達障害を引き起こす要因や機序は未だ明確に特定されていないが，脳の一部にある先天的な機能障害が原因と推定されている。

発達障害

　『DSM-5-TR 精神疾患の診断・統計マニュアル』（2023）によると，発達障害は自閉スペクトラム症，注意欠如・多動症，限局性学習症（学習障害）の 3 つに分類される。

　(1) 自閉スペクトラム症は，自閉性障害・アスペルガー症候群・特定不能の広汎性発達障害などを含む「広汎性発達障害」が，1 つの障害として統一された障害である（APA, 2013）。中核的症状は，①社会的コミュニケーションの障害（話がかみ合わず，人の表情や話し方から感情を読み取ることが苦手，集団行動が苦手），②常同的反復的な行動パターン（1 つのことに没頭，物事の手順に強いこだわり），③感覚の異常（音・光・人との接触やにおいに敏感）である。併存症にてんかん，注意欠陥・多動症，消化器の異常がある。

　(2) 注意欠如・多動症は，不注意（物事に集中できない），多動性（落ち着きがなく，じっとしていることが苦手），衝動性（思いついた行動を唐突に行う）を中核症状とする障害である。そのため日常の社会生活や家庭で困難に直面することが多い。

　(3) 限局性学習症は，全般的な知的発達の遅れや視覚・聴覚の障害がなく，家庭と学校の学習環境や本人の意欲にも問題がないにもかかわらず，読字・書字あるいは計算に特異的な障害がみられ，期待される能力の獲得に困難がある。

150

II章 「こころ」の発達と発達障害

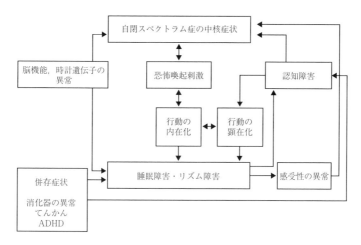

図11-4 自閉スペクトラム症と睡眠困難の生物心理社会学的モデル
(Deliens & Peigneux, 2019 を一部改変)
睡眠障害・リズム障害はサーカディアンリズムの障害，睡眠時随伴症，行動性不眠症（小児の不眠），非定型的な睡眠構造を含む。

　発達障害はその非定型的な発達と随伴する症状の理解が基本であるが，他方で健常な子ども（定型発達児）と同様に，一人の生活者として体験する困難に注意を払うことが重要である。たとえば，発達障害の子どもは，生活リズムや睡眠の形成に一定の困難がある。夜間の睡眠に入眠困難（入眠潜時の延長，ぐずり，再入眠の拒否），中途覚醒，早朝覚醒，起床困難など共通する特徴がある（平野, 2023）。自閉スペクトラム症の生物心理社会学的モデル（Deliens & Peigneux, 2019）によると，中核症状と睡眠障害の関係は，認知機能の非定型的な発達と脳機能の異常（睡眠物質の乱れ）・時計遺伝子の異常に媒介された相互作用として理解することができる（図11-4）。

発達検査

　乳幼児期から児童期の子どもを対象に，精神機能の発達の程度（遅滞やアンバランスさ）を調べ，保育，教育，療育，養育に役立てる検査である。わが国では新版K式発達検査2001，遠城寺式乳幼児分析的発達検査法，津守・稲毛

式乳幼児精神発達診断法などが開発され利用されている。新版 K 式発達検査は各人の発達過程を継続して調べる個別式検査で，対象は 0 歳から成人までと広い。検査内容は「姿勢・運動」「認知・適応」「言語・社会」の 3 分野にわたり，積み木のはめ落とし，積み木の積み上げ，模倣して積み木で車などの作製，絵かき，紙製の形合わせ，「靴はどれ」の問いに対する指さし回答など遊び感覚で回答する。検査結果は発達年齢（同年齢の子どもの半数が回答する課題を通過）と，発達指数（DQ：発達年齢 ÷ 生活年齢 × 100）で表示する。3 歳 10 ヵ月児の発達年齢が 3 歳 1 ヵ月のとき，発達指数 DQ は 80.4 である。

知能検査は歴史的には，フランスの初等教育において知的障害（発達遅滞）を選別する国家要請に応えて，ビネーとシモン（Binet & Simon, 1911）が知覚・記憶・運動・言語・比較判断などの心理機能を測る方法として開発した個別式知能検査に始まる。わが国では，子どもの知的発達状態をとらえる田中ビネー知能検査が開発され，数度改訂されている。ウェクスラー式知能検査は幼児用 WPPSI，子ども用 WISC，成人用 WAIS があり，言語理解，知覚推理，作業記憶，処理速度を測定する。知能検査で測定された知能の程度は知能指数 IQ として数量的に表される。ターマン式 IQ は，個人の知能が同一年齢の子どもたちより何歳進んでいるのかを示す。ウェクスラー式知能検査では，同一年齢集団の平均（標準成績）を 100 としたとき，個人の成績が検査集団内で占める位置（平均からの距離）を示す偏差値知能指数が使用される。

知能検査はヴント心理学（2 章参照）の要素主義の流れを汲み，知能は複数の心理的機能が積み上がった構造物（線形構造物）であると想定している。

・ターマン式知能指数（IQ）の公式

IQ ＝ 精神年齢（MA）÷ 暦年齢（CA）× 100

・偏差値知能指数の公式

IQ ＝ ［(個人の成績 − 同じ年齢集団の標準成績) ÷ 標準偏差］× 15 ＋ 100

II 章　「こころ」の発達と発達障害

コラム ● 少子高齢化社会：わが国の子ども人口は過去最少

　わが国の少子高齢化は予想を上回るスピードで進行している。2024年の 15 歳未満の子どもの推計人口（2024 年 4 月 1 日現在）は，前年より 33 万人少ない 1401 万人，総人口に占める割合は過去最低の 11.3%で，43 年連続して減少している。1950 年以降で過去最少を更新した。一方，65 歳以上の高齢者の人口の割合は 29.2％で前年度より増え，過去最高に達している（総務省統計局）。わが国の子どもの割合は，人口 4000 万人以上の 37 ヵ国のなかで 2 番目に低い（国連人口統計年鑑）。

コラム ● 野生児

　幼少時に人間の文化社会から隔離されて野生で育った子どもは，四つ足歩行，犬食い，咆哮，無言語など人として認め難い行動を示す。これはカマラとアマラ，あるいはアヴェロンの野生児の報告として知られているが，野生児の存在については自閉症，創作との批判や否定的な論評がある。そうしたなかで，アメリカの少女ジニー（仮名）の事例は，「現代の野生児」として注目されている（Curtiss, 1977）。ジニーは 1 歳半まで正常に発育したが，その後は両親（おもに父親）の虐待により，13歳の思春期まで食事以外は寝室の便器つき椅子に縛られて放置され，家族と言葉を交わすことなく過ごした。発見時の知覚・運動・言語は極度の遅れを示し，その後の教育でも言語機能は 2 語文を話す程度にとどまった。

設問　発達はどのような概念か，述べなさい。

設問　「青年は周辺人である」の説についてどう考えるか。

12章

社会と個人

　個人は社会の集団や組織の成員として活動し，他者とのつながりのなかで人間的な「こころ」を形成する。集団の規範や目標は，成員の行動を方向づけ，態度を形成する力学を発揮する。個人は集団内の構造と対人関係のなかで仲間を見出し，孤独を経験し，よりよい自己のあり方を模索する。

I. 集団と準拠集団

　人間の集団は，複数（通常3人以上）の個人が共通の目的のもとで，自主的に参加し活動する持続的な組織であり，偶発的に人々が集まる一時的な群衆とは異なる。集団は規則（名称，目的，活動事項，成員の権利，運営方法，財政，賞罰など）を定め，成員間で役割（リーダー，役員，係）を分担する。成員の自主性，自律性，意思表示の自由の保障のあり方は集団の質を左右する。

　成員は目的を達成することで，威信と所属欲求が強まる（7章参照）。規則は，目的の達成と規律の維持のために，成員に一定の制約をかける圧力として作用することがある。目標の未達成，役割の未分化，規則の形骸化は，成員の集団への帰属意識（凝集性，信頼関係）を弱める要因となる。

　個人はさまざまな集団に所属して活動する。その人の行動や価値判断あるいは態度形成に強く影響する集団を準拠集団という。準拠集団の基本は家庭である。家庭の崩壊は発達期の子どもに心的外傷を遺し，同一視（優れた他者と自己を重ね合わせ，自己評価を高める意識）の形成を困難にする。一般に準拠集団

は，精神的な発達とともに，社会性の強い集団の比重が大きくなる（保育所，幼稚園，学校，クラブ，会社，組合，各種委員会，ボランティア，政党など）。

2. 役割性格と葛藤

　集団のなかで一定の地位を得ると，それに応じた役割が期待される。役割の遂行はその集団への適応のバロメータとなり，個人が集団のなかで占める地位と機能を相対的に明確にする。その一方で，役割が個人の性格の一部に組み込まれて役割性格を形成する。役割性格は一見してその人の職業や地位が推測できるほどの「らしさ」であり，その職業や地位に就いている限り有効なタテマエの性格である。役割と私的な自己との距離を適正に保つことは健全な精神生活と家庭生活を営むうえで大切であるが，使命感に燃えて役割に過剰に適応すると，公の自己と本来の自己との区別を失い，いわゆる「王様は私」になる。

　役割を担当し遂行する過程で人はしばしば葛藤に陥る。葛藤は，同時に叶えることが難しい欲求が同程度にあり，その選択に悩み決断できないでいる心理状態である（Lewin, 1951）。葛藤は次の3種類に分類される。①接近・接近型の葛藤：同程度に魅力的で実現したい欲求が複数あるが，どれか1つを選択しなければならない状態（仕事も家庭も大切にしたい），②接近・回避型の葛藤：1つの欲求を実現すると，それに応じて失うものがある状態（周囲の期待に応えて役割を十分果たしたいが，健康を損なう心配がある），③回避・回避型の葛藤：どれもやりたくないが，周囲の勧めでどれか1つを選ばなければならない状態（自分の能力を超えている現在の役割は辞めたいが，仲間の信頼を失いたくない）。葛藤のため欲求不満の状態に陥ると，葛藤から自己を守る防衛機制（抑圧，合理化，反動など）が働きやすい。

3. 性役割とジェンダー

　従来，性役割とは生まれたときに割り当てられた生物学的な性別に対して，

社会的に期待される役割を分担することである。性役割の典型は「男は仕事,女は家庭」とする男性至上主義で,これは長い年月をかけて培われ,無意識の偏見として作用している（10章参照）。この伝統的な性役割は,適合できない男性に落伍者としての劣等感や疎外感をもたせ,女性を二流の市民として低学歴・低賃金就労に格差づけする差別意識を醸成している。「女の子に生まれて損をした」「今度生まれ変わるときは男の子がいい」という形で子どもの意識に反映される。

　現代は性役割の考え方が個人の水準でも,社会の水準でも急速に変化しつつある。女性と男性を誕生時の生物的な性差に基づかない,社会文化的背景の一部とするジェンダー（Gender）の概念が普及し,ジェンダー平等とジェンダーアイデンティティの考え方が共有されつつある。それは20世紀初頭に始まる女性の人権,地位向上,社会的公平を求めた長く困難な歩みの到達点である（女性参政権,男女共学,国際女性デー,UN Women,女性差別撤廃条約,性の革命,LGBTQ,夫婦別姓制度,SDGsの第5目標）。女性であることが特別の意味をもたない時代がいずれ到来するであろう（本章のコラム参照）。

4. リーダーシップ

リーダーシップ理論

　リーダーに求められる役割であるリーダーシップについて,2つの代表的な理論がある。PM理論はリーダーシップを,図12-1に示すように,成員を叱咤激励して目標達成を促す遂行機能（P機能）と,成員相互の親和性や信頼感を強める維持機能（M機能）の2次元空間上で4種類の型に分類する（三隅,1966）。P機能が強くM機能が弱いPm型のリーダーシップは,目標を短期間に達成させる力を発揮し集団の凝集性（帰属意識）を一時的に強めるが,個々の成員を業績主義に走らせて成員間の対立や差別化を招きやすい。反対に,P機能が弱くM機能が強いpM型は,成員間の人間関係は和やかで,集団の一員であり続けようとする凝集性を強めるが,目標達成に必要な成員の能力の特

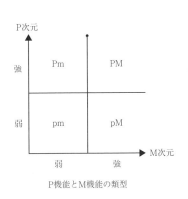
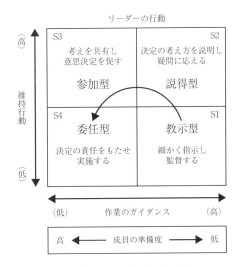

図 12-1　リーダーシップのPM理論
(三隅, 1966)
P機能(遂行機能)とM機能(維持機能)の2次元空間上に，4タイプのリーダーシップを分類。集団のリーダーシップの特性を考察するうえで重要なモデルである。

図 12-2　リーダーシップの状況対応理論
(Hersey & Blanchard, 1988)
リーダーシップは，リーダーの資質や特性によって望ましい型が普遍的に定まるのではなく，成員の仕事に取り組む準備度に応じて変化すると考える。

異性や異質性を疎んじる傾向がある。P機能とM機能がともに強いPM型は，理想的なリーダーシップであり，両機能が低いpm型は望ましくないとされる。

　リーダーシップは固定的なものでなく，成員の準備度（意志，遂行能力，責任感，経験）に応じて力動的に変化すると説くのが状況対応理論である（図12-2）。これによると，成員の準備度が低い間はリーダーが課題や役割を決定し，成員に対して詳細に指示する教示型のリーダーシップを発揮し，成員の準備度の成長とともに，リーダーの考え方について成員の理解を培う説得型に代わる。さらに，成員が自ら意思決定に参加し責任を分担する参加型のリーダーシップへ移行し，最終的には成員に遂行責任をもたせ，リーダーの関与を最後の決定に限定する委任型になる（Hersey & Blanchard, 1988）。これは成長する成員の中から次のリーダーが誕生する過程を考慮した実践的な理論であろう。

リーダーの種類

　リーダーの資質は，意思決定の局面で成員の判断や活動に影響する。心理学者レビンの指導下で取り組まれた「アイオワ研究」（Lewin, Lippit, & White, 1939）によると，リーダーは3種類に分類される。①民主型リーダー：成員の討議により作業計画を決め，成員を助言激励するリーダーである。成員は互いに友好的で争いが少なく，積極的に活動に参加し，リーダー不在のときでも作業成績は質量とも優れている。②専制型リーダー：作業計画や分担を上意下達方式でリーダーが決定し，作業成績を個別に評価して，全権を独占する。成員はリーダーに認められようと依存的になり，互いに反目し生気がない。リーダー不在のときは作業成績が低下する。③放任型リーダー：成員に任せっぱなしで作業計画の作成にほとんど参加せず，激励も叱責もしない。成員は各自の力量を自由に発揮できるが，リーダーへの不信感が強く，目標や方法が十分に理解できない状況では，作業成績の向上は期待できない。こうしたリーダーの分類は，1930年代後半に台頭したナチス・ファシズムの反民主主義的な政治情勢を反映していると考えられる。

　ハラスメントの点で問題になるリーダーは専制型と放任型である。専制型は威圧的言動で成員を不安に陥れて支配するパワーハラスメントの危険が高い。放任型は成員間の問題を無視し放置することで集団内にハラスメントが生じやすい土壌をつくる。

ハロー効果

　個人を評価する場合，その人の際だった特性や行動が，その他の特性や行動の評価に強く影響し歪めることがある。そうした認知バイアスを，ハロー効果（光背効果）と呼ぶ。集団の指導者やリーダーが陥りやすい誤りとして指摘されている。ハロー効果には，ポジティブな方向に評価を歪める効果と，ネガティブな方向に歪める効果とがある。たとえば，明るく笑顔で挨拶してくれる人は，まじめに仕事に取り組むと評価されやすい（ポジティブ効果）。反対に，成績が思わしくない人は，素行や日常生活にも問題があると判断されやすい

（ネガティブ効果）。「あの人なら」「あの人に限って」という歪みである。ハロー効果を防ぐには，具体的で客観的な観察と事実に基づいた評価を行う必要がある。

5. 同調行動

　同調は体制に従おうとする意識である。地域社会の長い伝統のなかで形成された習慣や慣習は，多くの人が従い振る舞う同調行動（conformity behavior）の好例である。また，違反すると懲罰を受ける規則は同調行動をとらせ，反対や異論を許容しない斉一性の圧力として作用する（たとえば，道路交通法違反の罰金・減点や免許停止）。本来の目的を参加者に正しく説明しないカバーストーリーの知覚判断実験は，他者からの影響を受けることがほとんどない線分の長さの判断にも同調行動が生じることを実証した（Asch, 1951）。実験は標準カードの線分と同じ長さの線分を目分量で比較カードから選ぶという単純な課題をゼミナールに提示した。実験の本来の目的を何も知らない新参のゼミナール受講生は，当初は自分の判断に自信をもっていたが，やがてサクラとして教授の

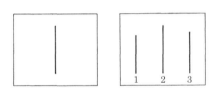

図12-3　知覚判断の同調行動（Ash, 1951；磯貝・藤田・森, 1978より転載）
上は，実験で用いられた知覚判断の刺激カード（第7枚目）。左の標準カードの線分は20cm，右の比較カードの1は16cm，2は20cm，3は17cmの線分で，サクラの答えは3。写真は本文で紹介した実験より後で行われた実験場面で，サクラは6人である。

指示に従って誤った回答を演じる他のゼミナール生の多数意見に引きずられて自らの正しい判断を放棄した。しかし，斉一性の圧力は一人でも味方がいると弱くなった（図 12-3）。「真実は一人から始まる」（本章のコラム参照）とあるように，同調行動の圧力をはね返す少数意見の大切さを示唆している。同調行動を誘発する要因は，多数意見の心理的圧迫，孤立の恐れ，逸脱に対する懲罰の回避，同調に伴う報酬の期待などがある。

6. 集団の心理的構造

集団内に存在する心理的な構造は，ソシオグラム構造とコミュニケーション回路構造が知られている。ソシオグラムは仲間（ソシウス：socius）意識をもつ成員の間で生じる感情的な人間関係（好感，反感，無視）を図式化して表示する（Moreno, J. L., 1953）。多くの成員から好意が寄せられる人気者，相手にされない者，集団になじめない孤立者，下位集団（ペア，仲良しグループ）などの人間関係が浮かび上がる（図 12-4）。孤立者は誰にも好意も反感も示さず，誰からも相手にされない。ソシオグラムは，特定の成員が受け入れている様子，仲良しグループのあり方を視覚的に把握できる。

コミュニケーション回路は，集団内での情報の共有のありかを示す構造で，課題解決場面での目標の達成度，満足度，正確さ，全体的な活動，リーダーの出現およびグループの組織化などに影響する（Leavitt, 1951）。コミュニケーション回路は，成員の相対的位置（中心度），情報交換の相手の固定化の違いから円環型，鎖型，X型，

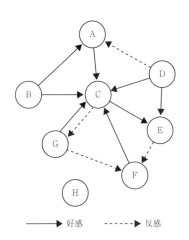

図 12-4 集団の心理的構造：ソシオグラム
集団の成員（AからH）が互いに抱く，好感と反感の感情に基づいて心理的な構造を視覚的に描く。人気者（C），孤立者（H），被排斥者（F），下位集団（ABCとCDE）が判読できる。

12章　社会と個人

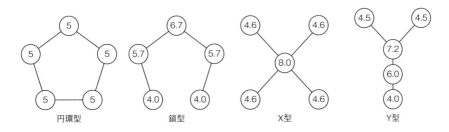

図12-5　集団の心理的構造：コミュニケーション回路（Leavitt, 1951）
コミュニケーション構造は成員の集団内での位置，中心度（図中の数字で示す情報の共有性）の違いからいくつかのパターンがあり，課題解決の達成度や満足度に影響する。

Y型の構造パターンに分かれる（図12-5）。与えられた課題を集団的に解決する場合，全員が同じ量の情報を共有する円環型構造（均一の中心度）は，モラール（勤労意欲，士気）と満足度は非常に高いが，課題解決の効率が低い。一部の成員に情報が集中するX型構造は，満足度は低いが課題解決の効率が優れている。

7. 対人関係の認知と仲間意識

対人関係の認知

　集団は目標追求の場であると同時に，成員が織りなす対人関係の場でもある。対人関係の認知は，緊張と和解のダイナミクスが不断に交錯する心理的空間である。バランス理論（Heider, 1958）によると，その心理空間は認知主体（私）が他者（仲間）と対象（人物，考え，事物）に対して抱く好意と嫌悪の感情の関係として図式的に説明される（図12-6）。認知主体Pが他者Oと対象Xに対して抱く感情，他者Oが対象Xに対して抱いていると主体Pが認知する感情のそれぞれに正負の符合を付ける。符合の積が正の場合は，三者の感情的な認知関係はバランスがとれている（図a「私の友の味方は私の味方」，図b「私の友の敵は私の敵」）。三者の認知関係がインバランスになるのは符合の積が負の場

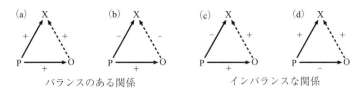

図 12-6　対人関係の認知：バランス理論（Heider, 1958）
P（私），O（友），X（対象）の三者の感情的な認知関係をバランスとインバランスの点から図式化する。符合＋は好意，符合－は嫌悪を示す。三者の符合の積が正の場合はバランスのある関係（a と b），負の場合はインバランスの関係（c と d）にある。

合である（図 c「私の友の味方は私の敵」，図 d「私と不仲の友の味方は私の味方」）。対人関係は，三者のいずれかの感情の認知の変更で，バランスあるいはインバランスに変化する。

親密さ

　仲間や友との出会いは，人生の重要な出来事である。悩み，希望，さまざまな想いを親しく自由に語り合える人が身近にいることは，生きる励みと救いであり，信頼，喜び，怒り，悲しみという人間らしい心性を培う。友人や仲間の意識形成にとって重要な要因は親密さである。親密さは仲良しから始まる。それは住まいがたまたま隣近所である，職場や学校での席が隣り合わせである，という偶然性と物理的な距離の近さが契機となる。やがて集団内で活動を積み重ねる過程で，親密さは質的に変化する。考え方，振る舞い，感情表現などの態度の類似性あるいは一致度が優位を占める。さらに，お互いに足らないところを補い合う相補性を受け入れるようになる。意見や考え方の類似性と相補性は他者に抱く好意（魅力）を増幅させ，相互の結びつきを質的に強める（Newcomb, 1950）。

孤独

　経済的に発展している国では，仲間づくりができず孤独感を訴える子どもが

少なくない。ユニセフ・イノチェンティ研究所が公表した研究報告書「先進国における子どもの幸せ」（UNICEF Innocenti Research Centre, 2007）は，OECD（経済協力開発機構）に加盟する24ヵ国の15歳児を対象に，「疎外感」の調査結果を紹介している。「私はのけ者扱いされていると感じる」「私は気おくれがして居心地が悪い」「私は孤独を感じる」の質問に対して，1割弱の子どもが孤独感を訴えた（世界平均7.4%）。日本の子どもは，3〜4人に1人が「孤独を感じる」と回答した（29.8%）。この孤独感はアイスランド（10.3%）の約3倍，最も少ないオランダ（2.9%）の10倍を上回る。日本の子どもの孤独感は，人間らしい生活の質（QOL）に重大な影響を与える可能性があるとされる。

希望と仲間

　自我同一性（アイデンティティ）の形成過程にある若者（15〜30歳前半）は，将来なりたい仕事，やりたい活動を目指している。そうした希望は若者の揺れ動く「こころ」を理解する鍵となる。一般に希望は人生の目標や欲求に関わる認知的側面とともに，将来は明るく快適であるというポジティブな感情的側面と関連づけられることが多い。しかし，希望を明るくバラ色な心理状態とする理解は，一面的ではないだろうか。混沌とした社会の将来像とそこに生きる自己像との解離から派生する無力感や不安の単なる裏返しを希望とする二項対立の認識は，希望のプロフィールとして十分でないとされる。無力であり不安であるからこそ希望は切実であり，生きづらい社会の困難（不況，病理，災害，戦禍など）との対峙をとおして明確な姿をとり，仲間や支持者との連帯によって強固なものになる。希望を研究する意義がそこにあるとされる（渡辺, 2005; 都築, 2021）。

8. 態度の変容と認知的不協和

　態度は，人間の社会行動を説明する重要な概念である。「経験を通じて後天的に形成され，個人の行為や反応に影響を及ぼす心的・神経的準備状態で，比

較的永続性がある行動傾性」(Allport, 1935) と定義されるように，態度は長い
年月をかけて培われ，形成された考え方あるいは信念であり，個人の行動に一
定の方向づけをする。言い換えれば，態度（習慣化した行動）の変容は容易で
ない。事実，「タバコは肺ガンの原因である」との説について未証明とする者
と証明済みとする者の比率の関係は，非喫煙者で55％対29％（オッズ1.9）に
対し，喫煙者では75％対16％（オッズ4.7）となり，肺ガン説を否定的にとら
える態度は喫煙者のほうが強い（Festinger, 1957）。喫煙者が肺がん説を否定す
る態度は，非喫煙者の2.5倍（オッズ比）である。

　態度の変容を難しくする心理的要因の1つは，認知要素間の不協和あるいは
不一致とされる。人は自己の態度と矛盾する事柄に出合うと，都合の良い合理
化や自己正当化によって心理的緊張（不快）から逃れようとする傾向がある。
喫煙者にとって禁煙は日常の喫煙行動と矛盾し，認知的不協和を招く。そこで
肺ガン説を否定するか，喫煙の有用性を示す情報を集めるか，あるいは他の原
因による死亡説を強調するか，そのいずれかの方法で喫煙を合理化して不協和
を解消することになる（Festinger, 1957）。「あのブドウは酸っぱいので食べる
に値しない」と言い訳をする，イソップの寓話『キツネとブドウ』に通じる心
理である。

　認知的不協和の心理学的研究として有名なフェステインガーらの強制承諾の

表 12-1　退屈な作業に対する認知的不協和（Festinger, & Carlsmith, 1959）

インタビューの 質問項目	実験条件		
	統制 (n=20)	1ドル 報酬 (n=20)	20ドル 報酬 (n=20)
作業は楽しかったか	-0.45	1.35	-0.05
同じ実験に参加したいか	-0.62	1.20	-0.25

評定は-5点から5点で実施

退屈な作業に対して，本人の意に反した意見を他者に告げるように要請された場合，報酬の少ない
1ドルの学生は，報酬のない統制群の学生（t = 2.48）や報酬の多い20ドル学生（t = 2.22）に比
べて作業を肯定的に評価した。実験に再度参加したいという回答も多かった（t = 1.78）。

実験に参加した学生は，まずペグボード上で48個のペグ（木釘）を時計回りに1時間回転させる単調で退屈な作業に取り組んだ。報酬を受け取った後，実験者から依頼されたとおりに，別室で待機している女子学生に対して，自分のやった作業が楽しくてとても愉快であったと熱心に伝えた。実験後のインタビューにおいて，参加者は作業の楽しさの評価と再度の参加希望について尋ねられた。その結果は，**表12-1**に示すように，報酬の少ない学生（1ドル）は報酬の多い学生（20ドル）および無報酬の学生に比べて，作業は面白くて楽しく，再度参加したいと評価した。少ない報酬にもかかわらず，作業の退屈さを否定するように他者に敢えて伝えたことから認知的不協和が強まり，「本当は面白かったかもしれない」「もう一度参加したい」と自己の行為を合理化して不協和の低減を図ったと説明されている（Festinger & Carlsmith, 1959）。

　態度の変容を求めるには客観的な情報を提供し，直接的に行動の変容を依頼し，具体的な行動を提案するという粘り強い説得が必要である。講義では説得の効果が少なく，発表・討論と挙手を交えた意思決定を行う双方向性のコミュニケーションが有効な方法として活用されている。

9. サル社会の地位と大脳の扁桃体

　8匹のアカゲザルの動物社会は，社会的地位の序列構造がある。サル社会のなかで高い地位を占めるサル（名称デイブ）は攻撃的で横柄さが目立つ。序列が最も低い第8位のサル（名称ラーリ）は従順で臆病に振る舞い，序列が1つ上のサルからしばしば虐められている。大脳側頭葉の基底部に局在する扁桃体の損傷は，サル社会の地位に劇的な変化を生じさせた（Pribram, 1971）。親分格のデイブは，扁桃体が両側性に摘出された後で攻撃性を失い，従順でおびえた動物に変容し，ラーリより低い最下位の地位に降格した。代わってリーダーの地位を占めたのは，術前にナンバー2の地位にいた攻撃的なサル（名称ジック）であった。この研究は，動物の攻撃性を制御する大脳の扁桃体が，社会的地位の維持に寄与することを示唆している（8章の図8-4参照）。

コラム ● ジェンダー格差指数（GGGI）

　GGGI（Global Gender Gap Index）は経済，政治，教育，健康の４分野における男女格差の大きさを数量的に総合評価した指数（0〜1）で，2006年から世界経済フォーラムが公表している。日本のGGGIは過去３年間低下し続けたが（2021年：0.656，2022年：0.650，2023年：0.647），2024年に政治と経済の分野でやや改善がみられた（0.663）。しかし，146か国中118位に順位が上がったとはいえ，女性の地位は経済（120位）と政治（113位）の分野で依然として低いままである。GGGIが14年連続１位のアイスランド（0.935）は，女性の発想力と感性が社会活動や経済に活かされている（World Economic Forum: Global Gender Gap Report 2024）。

コラム ● 同調行動を正す心理：「真実は一人から始まる」

　映画『十二人の怒れる男』（アメリカ20世紀フォックス，1957年）は，同調行動と斉一性をテーマとした法廷ドラマである。父親殺しの罪を問われたスラム街の少年の裁判において，偏見や固定観念にとらわれて多くの陪審員が「有罪」の判定を急ぐなかで，ある一人の陪審員が事実と証拠を検討し直すように粘り強く求める。11人の陪審員の認識と態度が少しずつ変容し，ついに有罪と見込まれていた少年の無罪が確定する。「話そう」と繰り返し呼びかけるシーンが印象的である。出典：20世紀フォックスホームエンターテイメントジャパン（現在は20世紀スタジオ）

設問　日常生活で体験される「斉一性の圧力」を紹介しなさい。

13章

性格と個人差

I. 性格とパーソナリティ

　現代は，人間の個性と多様性に寛容な社会を期待している。人間の個性は，ひとつの図柄を形づくるジクソーパズルの中の，同じ形が1枚としてないピース（小片）に喩えられるかもしれない。同じ環境や状況にあっても，個人の行動や感情の表現にはその人らしい独自性，つまり個性がある。「十人十色」といわれる人間の多様性，あるいは個人差を説明する概念が性格である。心理学は性格を次のように定義している。

　　「個人のなかにあって，その人の特徴的な行動と考えを決定するところの，精神・身体システムの力動的な組織」（Allport, 1961）。

　定義の「力動的な組織」は，性格が固定的でなく可変的なものであることを示唆する。性格と似た用語に，気質（temperament）と人格（character）がある。気質はその人が生来持ち合わせている傾向を指し，人格は倫理的，社会的な価値や信念を表す概念である。現代心理学は，個人の行動の独自性あるいはその人なりの一貫性の記述に価値判断を持ち込まないため，また性格が社会的影響を受けて後天的に変化する可能性を考慮して，性格の記述にパーソナリティ（personality）の語を使用することが多い。パーソナリティは，ギリシャ

の仮面劇で使われるペルソナ（persona, 仮面）に由来し，仮面を着けて登場人物の特徴を明確に演じ分けるという意味がある。

　個人差を考える2つの重要な事柄がある。1つはグリニッジ天文台事件に端を発する個人差方程式，もう1つは双生児研究である。

2. 個人差方程式

　グリニッジ天文台の1799年の機関誌に，1つの事件が報告された。それは1796年，グリニッジ天文台長マスクライン（Maskelyne, N.）が天体観測能力の低さを理由に，一人の助手を解雇した事件である。解雇の理由は，観測対象となる星の子午線通過時刻の助手の観測時間が天文台長の観測時間よりも0.8秒遅れたことであった。この事件は，1816年にケーニヒベルグ天文台の天文学者ベッセル（Bessell, F. W.）がドイツの天文学誌を通じて知るところとなった。彼は観測の時間誤差とその修正方法に深い関心をもっていたことから，この事件に関する資料を他のデータと比較研究した。その結果，2人の観測者の間で観測値の一致がきわめて稀であること，つまり観測値の個人差が確認された。ベッセルは2人の観測者AとBの測定値の差Dを，A－B＝Dの「個人差方程式」（1823年）で表現し，差Dが個人の特性から派生する系統的な誤差でほぼ一定であれば，その除去によって観測値の修正（B＝A－D）が可能になると考えた（今田, 1962）。この事件は，科学的測定に人間的要因（個性）が介在する可能性を示すこととなった。

3. 双生児研究

　双生児研究は，一卵性と二卵性の双生児の行動傾向を比較対照し，人間のどういった特性や性質が遺伝的に決定されるのか，あるいは環境に依存するのかを知ることを目的としている。一卵性双生児は遺伝情報（ゲノム）が100%同一であるのに対し，二卵性双生児は半数の遺伝情報が異なる。同じ環境条件で

生活している一組の一卵性双生児の気質に何らかの違いがみられる場合，気質が遺伝的，生物的に条件づけられるとしても環境の影響を考慮しなければならない。ただし，環境の影響による差異は二卵性双生児よりも小さいかもしれない。双生児研究により，運動の活動性，複雑な運動（迷路の通り抜け，針の穴通し），特に手の指先の正確な運動は遺伝的に決定されることが明らかにされている。一卵性と二卵性の双生児の性格を比較検証したアイゼンクらの研究（Eysenck & Prell, 1951）によると，神経症傾向の相関[注14] は一卵性双生児で高く（0.85），二卵性双生児で低かった（0.22）。彼らは気質の特性として，生得的な情動性成分が存在すると推定した。近年の総説によると，神経症傾向の遺伝率（全分散に占める遺伝分散の割合）は 40% から 60% と推定され，遺伝的影響と環境的影響とが相半ばして作用すると考えられている（Ormel et al., 2013）。

4. 性格論

人間の性格論は，いくつかの典型あるいは類型に性格を分類するアプローチが主流である。性格の分類の基準となる要因は，体液，体格，特性，心的エネルギー，自己像あるいは神経系の興奮・抑制過程など多様であり，それに応じて異なる性格論が提示されている。

体液論

古典的な性格論は，古代ギリシャの医師ヒポクラテス（Hippocrates, 紀元前460 年頃）の体液説であろう。人間の身体には健康を司る 4 つの基本的な自然元素（血液，黄胆汁，黒胆汁，粘液）があるという考えは，古代ギリシャから18 世紀の病理解剖学（病死の死因を剖検する医学）の誕生まで信じられ，性格にもその元素の影響があると考えられた。性格への体液論は，優勢な元素に基づいて 4 類型の気質を分類した。血液が優勢な多血質は感受性に富み，敏活で

注 14：相関と分散は附章を参照していただきたい。

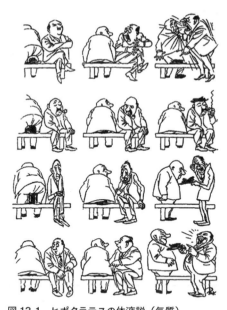

図 13-1　ヒポクラテスの体液説（気質）
（ゴノボリン, 1975）
気質の異なる4タイプの人は，同じ状況下でそれぞれ異なる振る舞いを示す。

周囲の出来事にすばやく対応し，失敗や不愉快なことに容易に耐える。黄胆汁が優勢な胆汁質は活動水準が高く，精力的に行動し，情動的な状況では衝動的に怒り，自制心を欠きやすい。黒胆汁が優勢な憂うつ質は，運動と言語の活動水準が低く，情動的に脆弱で閉鎖的であり，何事も深刻に受け止める傾向がある。粘液が優勢な粘液質は，動作が緩慢で活動の切り替えが難しい反面，感情が安定し動揺が少ない。人間は同じ重大な状況に直面してもそれぞれ異なる振る舞いをするが，この4類型の気質から予測できるかもしれない（図 13-1）。

体型論

　クレッチマー（Kretschmer, 1955）の体型説は，精神病患と体型の間に遺伝的に決定された関係があるという臨床経験を基にして，健常者の気質と体型との対応関係を3類型に分類している（図 13-2）。身体がやせて背の高い細長型の人は，過敏性と鈍感性を併せもつ分裂質（内気で静か，きまじめで非社交的。現代は「分裂」の用語を改め，「統合失調」とする），でっぷりと太った肥満型の人は，躁とうつの状態が交代する躁うつ質（明朗で社交的，ユーモアに富む，寡黙で陰気），筋骨たくましい闘士型の人は，粘着性と爆発性を備えたてんかん質（粘り強く，几帳面で頑固）の持ち主とされる。

　シェルドン（Sheldon, 1942）の体型説は，健常な男子の体型の調査に基づい

13章　性格と個人差

体型	類型と性格特徴
細長型	分裂質（統合失調症） 共通の基本的特徴……非社交的，静か，控えめ，真面目（ユーモアを解さない），変人 過敏性の性質…………臆病，恥ずかしがり，敏感，感じやすい，神経質，興奮しやすい 鈍感性の性質…………従順，気だてよし，正直，落ち着き，鈍感，愚鈍
肥満型	躁鬱（そううつ）質 共通の基本的特徴……社交的，善良，親切，温厚 躁状態の性質…………明朗，ユーモアあり，活発，激しやすい 鬱状態の性質…………寡黙，平静，陰うつ，気が弱い
闘士型	てんかん質 共通の基本的特徴……かたい人間，物事に熱中する，きちょうめん，秩序を好む 粘着性の性質…………精神的テンポが遅い，回りくどい，人に対して丁寧でいんぎん 爆発性の性質…………興奮すると夢中になる，怒りやすい

図 13-2　クレッチマーの体型説（依田，1968 を一部改変）

て，気質を胎生期の胚葉の発育の程度の相違から，内胚葉型（内臓の発育が良い肥満の体型），中胚葉型（筋骨の発育が良い頑丈な体型），外胚葉型（神経系の発育は良いが虚弱な体型）の３類型に分類した。それぞれ内臓緊張型（生活を楽しみ，社交的），身体緊張型（活動的で精力的，自己主張が強い），頭脳緊張型（控えめで疲れやすく，非社交的）の性格と高い相関（r = 0.7 〜 0.8）を認めるとされた。

特性論

「親切である」「気が短い」「人前でかたくなる」など多くの人に共通してみられ，量的な連続性を示す行動を単位とする特性に基づいた性格論を特性論という。特性論は質的な類型論とは異なり，性格の差異を特性の量的な差異として連続性の点から説明する。特性論は，統計的な因子分析で抽出された多数の特性を少数の類型に集約する点で折衷的な性格論になる。アイゼンクの特性論

171

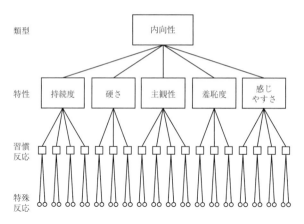

図 13-3　性格の特性論（Eyzenk, 1953；平松, 1979 より）

(Eysenck, 1953) は，それまでの類型論を因子分析の手続きによって再検討し，特殊反応・習慣反応・特性・類型の4水準から構成されるパーソナリティの階層的構造を推定した。たとえば，内向性は5特性（持続度，硬さ，主観性，羞恥度，感じやすさ）を体制化した類型である（図13-3）。矢田部ギルフォード性格検査（YG検査）は，ギルフォード（Guilford, J.P.）の人格目録などを基にして，情緒安定・社会的適応・向性・活動性・主導性に関係する12の特性の数量的差異を5系統の性格プロフィールで表し（表13-1参照），性格類型を判定する（辻岡, 1967）。特性論については，因子分析で抽出された特性の命名が恣意的である，性格の力動的側面が捨象された静的な構造論であるなどの問題が指摘されている（依田, 1968）。

精神分析的性格論

フロイトの性格論は，根源的な性的衝動（リビドー）が集中する性感帯の発達的な変化によって決定されるものとして性格を論じる（Freud, 1932）。リビドーの充足が不十分なまま特定の段階に固着すると，その固着度に応じて異なる性格が現れる。乳幼児期から思春期にかけて，口唇期にリビドーが強く固着すると依存的で甘えやすい性格，肛門期に固着すると我慢強く反抗的な性格，

男根期では異性の親を独占し同性の親に対し反感を示す性格（エディプスコンプレックス），潜伏期では社会的事象に強い関心をもつ性格が現れる。性器期に固着すると正常な性愛を求める性格となる。

ユング（Jung, C. G.）の性格論は，心的エネルギー（リビドー）が内に向かい自己の内面に関心をもちやすい内向性と，外に向かい環境の影響を受けやすい外向性に基づいている。内向性と外向性の傾向には，それぞれ自己を外的環境に関係づける4つの心的機能（感覚，感情，直感，思考）に差異があり，併せて8つの性格類型が分類される（詫摩，1968）。

新フロイト派のフロム（Fromm, 1941）は，フロイトの生物主義的な性欲説を批判し，社会文化的条件を重視する権威主義的性格を論じた。権威主義的性格は，ファシズム・イデオロギーを熱烈に歓迎したドイツ下層中産階級を特徴づける性格とされ，自己の自由よりも権威への従属，強者への愛と絶対服従，弱者への敵意と嫌悪，未知のものへの猜疑，知人への嫉妬，サディズム（嗜虐性癖）とマゾヒズム（被虐性癖）など，相矛盾する行動傾向を併せ持っている。権威主義的性格を測定する目的で考案されたファシズム・スケール（F尺度）は，9つのクラスターの心理的因子から構成される（Adorno, 1950）。つまり，①因習尊重：伝統的な社会規範や小市民的価値に同調する，②服従性：集団内の理想化された規範や権威を受動的に順守する，③攻撃性：伝統的価値を犯す者を非難し罰する，④内省拒否：あらゆる主観的，想像的，優しい心性を敵視する，⑤迷信と紋切り型思考：個人の運命は神秘的要因で決定される，⑥権力志向とタフネス：支配者と服従者，強者と弱者，指導者と従属者という2項対立の考え方に執着し，権力に忠誠を誓い自己を同一視する，⑦破壊性とシニシズム（冷笑主義）：人間性に敵意を抱き侮蔑し，他者を目的達成の手段として処遇する，⑧投射性：野蛮で危険なものが世界を徘徊しているとの信念にとらわれ，情動的衝動を無意識に外界へ投げ出す，⑨性の固定観念：同性愛者や性の犯罪者を厳しく処罰する。権威主義的性格は，アメリカ人を対象に実施されたF尺度調査によると，特定の政治的イデオロギーや階層に限定されるのではなく，経営・労働組合・官僚・教会・学校など日常生活の至る所でみられる

ことが明らかになった。

精神医学的性格論

心身症者[注15]のパーソナリティは，自己像の両極化（自己の分裂）とその管理機制の異常さに基づいて強迫型，自己愛型，境界型の3類型に分類される（図 13-4）。

強迫パーソナリティは現実の自己を抑圧し，あるべき理想の自己（良い自己）を執拗に追求し，強い自己管理の欲求とその失敗がもたらす恐怖心に苛まれる。厳しい超自我，几帳面，完全主義，潔癖性，強い責任感，競争心と達成努力，ゆとりのなさ，感情表出の貧しさを示す。これらの特徴はタイプA行動パターン（9章参照）との類似性が強い。

自己愛パーソナリティは，現実の自己を誰よりも優れた良い自己として絶対視し，現実の劣った悪い自己から逃避する。思うままに管理できる「もの」（自己の身体，コンピューターなど）に傾倒し，自己に奉仕し尽くすものを溺愛し，管理できないものを排除する。慢性的に欲求不満の状態にある。

境界パーソナリティは，分割された良い自己と悪い自己の間を不連続に行き来する。自己防衛機制が働いて優しさと怒りが不連続に併存し，自身の行為を

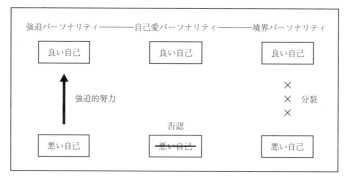

図 13-4 精神医学の性格論（成田，1993）
心身症者のパーソナリティは自己像が両極化し，その管理機制が正常でない。

注15：心身症は喘息，過食，肥満，自律神経失調，チック，脱毛，不眠などの身体疾患の発症や経過に心理社会的因子が密接に関与する病態である。

他人事のように体験する解離性症状を示す。葛藤，悲哀，不安の内在化は難しく，言語による説明が苦手である。感情統制ができずに自殺企図，自傷，薬物乱用，家庭内暴力，性的逸脱を衝動的に繰り返す傾向がある。

タイポロジー

　条件反射反応の形成に個体差があるという事実に基づいた性格論である。大洪水で研究所が水浸しの被害を受けた際，極度の恐怖体験からその後の条件反射形成が不可能になったイヌがいる一方で，平然として反射形成が以前と同様にできるイヌもいた。また，分化条件反射の形成において刺激の弁別精度が容易に向上するイヌもいれば，弁別がたちまち困難になるイヌもいた。数多くの動物実験や臨床像を基礎にして，脳の神経活動の個体差を説明する神経生理学的な類型論のタイポロジーが提示された（コーガン，1964）。タイポロジーは神経系の興奮過程と抑制過程の強さ（条件反射の形成，分化反射の形成の速さと安定性），均衡，易動性（信号刺激価の切り替えへの対応力）の組み合わせから脳活動を4つの神経型に分類する。つまり，タイプ1：興奮過程と抑制過程が強く均衡がとれ，易動性のある神経型，タイプ2：両過程が強く均衡がとれているが，易動性のない神経型，タイプ3：両過程は強いが均衡がとれていない神経型，タイプ4：両過程が弱く神経症に罹りやすい神経型である。タイプ1は条件反射の形成が容易な神経型であるが，タイプ4は形成が困難な神経型である。神経型を判定する検査プログラム（数年を要する大基準，数ヵ月で済む小基準）が作成されている。

5. 性格検査

　性格の心理学的検査法は質問紙法，投影法および作業検査法に分類される。それぞれの代表的な検査法の特徴を概説する。

表 13-1　YG性格検査（YGPI）で判定される性格の類型

類型	情緒	性向	特徴・傾向
A型	平均	平均	目立った特徴がみられない。
B型	不安定	外向	積極的で活発であり，人をリードするが独善的なところがある。
C型	安定	内向	穏やかで順応性・正確性・客観性があり，行動は控えめである。
D型	安定	外向	行動的でリーダーシップ，社会適応性がある。
E型	不安定	内向	寡黙で，不都合が生じると殻に閉じこもる傾向がある。

YGPI性格検査：社会的外向・内向特性（S尺度）の質問項目
下の設問に「はい，？，いいえ」のいずれかで回答しなさい。

①色々な人と知り合いになるのが楽しみである　　（はい　？　いいえ）
②知らぬ人と話すときはかたくなる　　　　　　　（はい　？　いいえ）
③こちらから進んで友達をつくることが少ない　　（はい　？　いいえ）
④人目に立つようなことは好まない　　　　　　　（はい　？　いいえ）
⑤異性の友達はほとんどできない　　　　　　　　（はい　？　いいえ）
⑥人と広くつきあうのが好きである　　　　　　　（はい　？　いいえ）
⑦誰とでもよく話す　　　　　　　　　　　　　　（はい　？　いいえ）
⑧新しい友達はなかなかできない　　　　　　　　（はい　？　いいえ）
⑨無口である　　　　　　　　　　　　　　　　　（はい　？　いいえ）
⑩人中に出てもまごつかない　　　　　　　　　　（はい　？　いいえ）

あなたの社会的外向・内向の得点は・・・ ＿＿＿＿＿点／20点

質問紙法

　標準化された検査法として，矢田部ギルフォード性格検査（YG検査），モーズレイ性格検査（MPI）がある。これらは因子分析によって抽出された特性に基づいて作成された設問と一定の応答形式で構造化された検査法である。YG検査は12個の特性尺度（抑うつ性，気分変化，劣等感，神経質，主観性・過敏性，非協調性，攻撃性，活動性，のんきさ・衝動性，思考性，リーダーシップ，社会的外向性）について3件法で回答を求め，その得点から性格の特徴を記述し，5系統の性格プロフィールから性格類型（A, B, C, D, E型）を判定する（表13-1）。MPIは，アイゼンクの特性論に基づいた内向性・外向性と神経症傾向を調べる。質問用紙法は個別検査とともに，多数の参加者を対象に一斉検査が比較的短時間で可能である。

13章　性格と個人差

図 13-5a　投影法：ロールシャッハテスト
(Krech & Crutchfield, 1962)
「何が見えますか？」「何に似ていますか？」。

図 13-5b　投影法：主題統覚テスト（TAT）
(https://www.psychestudy.com/general/personality/detailed-procedure-thematic-procedure-test)
「絵を見て思い浮かぶ物語を話してください」。

投影法

　ロールシャッハテストは，図 13-5a のような左右対称のインクブロット図版を提示し，「何が見えますか」「何に似ていますか」と尋ね，それに対する言語応答を領域・運動，形態，色などに分類して欲求の強さ，自我の強さ，情動の制御などの心理過程を分析する。曖昧な刺激材料に対する自由な反応のなかに投影された深層心理を把握し，性格を推定する。主題統覚テスト（TAT）は，多義的な人物像を見せて物語を創作し話してもらい，物語の登場人物を介して投影された語り手の深層の願望，自我像あるいは母親像，対人関係などをとらえる（図 13-5b）。その他，白い紙の上に実のなっている木を描いてもらい，その絵から本人の心理状態や性格を検査するバウムテストがある。投影法は個別検査を基本とし，構造化されていない検査法のため，実施には長い経験を要する。

177

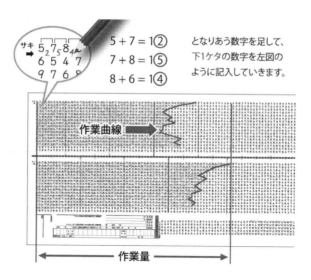

図 13-6 作業検査法（日本・精神技術研究所）
内田クレペリン検査。

作業検査法

　内田クレペリン検査は，横一列に並んだ1桁の整数を両隣で加算し，その都度，加算結果の1桁目の数字を検査用紙に直接記入する作業を前半15分，後半15分の30分間（5分の休憩をはさむ）継続する。検査用紙に回答された作業量（計算処理量），作業曲線パターン（1分毎の作業量の変化），誤答数からその人の活動力，緊張の持続力，注意深さ，慎重さなどの性格を検査する（図13-6）。個別検査とともに，多数の参加者を対象に一斉検査が可能である。

13章　性格と個人差

コラム ● 性格と血液型

　わが国は 1970 年代から 2000 年代にかけて血液型性格判断，血液型人間学が社会的に流行した。性格と ABO 式血液型を関連づける書籍が数多く出版され，血液型による性格判断のテレビ番組が相次いで放映された。しかし，性格と血液型の関連性について心理学の実証研究は否定的である。たとえば，JNN データバンクの大規模な社会調査データ（標本サイズ 1 万 2418 名）を用いた 1991 年の国内研究の報告によると，1980 年，1982 年，1986 年，1988 年の 4 回の調査で，血液型の間に有意差がみられた項目は 24 項目中 1 項目のみであった。加えて，その1 項目も，性格特性と最も肯定率の高い血液型は年次ごとに異なり，一貫性を欠いた（松井，1991）。血液型による性格特性の判別は成立せず，血液型による性格判断は誤解に基づく疑似科学とされている（菊池，2012）。

設問　差異心理学について調べなさい。

設問　血液型による性格判断はなぜ流行するのであろうか，考察しなさい。

179

附章

心理統計への誘い

I.「こころ」を測る

　統計は，一定の方法で収集された経験知を数量的に測定し，検定（テスト）し，推定する道具である。それにより，経験知の客観的な記述と分析が可能になる。人間の「こころ」の測定については，確かに，数量化により質的な側面のいくつかが捨象されるリスクがある。しかし，分析は質的，量的を問わず多数の変数を少数の主要な変数に収束させる行為であり，また数量化は母語の違いを超えたコミュニケーションと相互理解を可能にする。測定と数量化は科学を目指す現代心理学が歩む1つの方向であろう。

単位のない測定

　測定の目的は，測定対象の運動や応答の特徴を数量的に記述することである。3次元空間の物理事象の測定は長さ（距離），重さ，温度，圧力，アンペア，時間などの明確な単位と客観的な零点（基準点）をもつ比率尺度上で行われる。それゆえ物理現象の公式や法則を客観的に記述することができる。一方，人の「こころ」は「優しさ」「好き嫌い」「能力」などに明確な単位がないため比率尺度上で測定することができない。心理学は単位のない測定値を用いる。たとえば，賛成・反対の意思を「はい」「いいえ」で回答する人数（名義尺度の数量），刺激音に対する感度を反応時間（潜時）の長短で順番づけした順位（順序

附章　心理統計への誘い

尺度の数量）で測る。あるいは反応時間の平均（相対的零点）と個々の測定値との差（間隔尺度の数量）を用いる。これら3つの尺度上で測定した値は四則演算が適用できる。

分布

　測定をランダム（無作為）に繰り返し試行すると，通常，測定値はある値を中心に集まり，その周囲に散らばる。その分布は通常，左右対称の釣鐘型の正規分布を示す。分布の中心が平均，その周辺の散らばりの程度が分散（あるいは標準偏差）である。分散が小さいほど平均の信頼性が高い。

　このほか，2項分布（硬貨の表裏のように起こる結果が2つしかないときの分布）やポアソン分布（交通事故のように稀にしか起こらない事象が任意時間当たりに起こる分布）がある。いずれも試行回数が増えると正規分布に近づく。

検定と帰無仮説

　検定（テスト）の目的は「こころ」を反映する行動の出現を促進あるいは抑制する条件あるいは要因を明確にし，2つ以上の心理変数の関連性（相関）を解明することである。検定は，条件差がないとする帰無仮説と，条件差があるとする対立仮説の2つの仮説を立て，帰無仮説を否定（棄却）する結果（統計量）が得られたかどうかの判定を統計的に行う。測定値全体の平均と特定の条件下で得られた平均間の差の統計量（正規得点）が一定の臨界点を超えれば帰無仮説を否定し，条件間に「統計的に有意差あり」と結論する。以下，例題をとおして統計的記述と初歩的な統計検定を紹介する。

2. 代表値

　測定値の統計的記述には，一般に平均と分散（あるいは標準偏差），そして相関係数がしばしば使用される。測定値が個人間あるいは個人内で一定の値を示すことは少なく，通常は散らばる。その散らばりの中心に位置する統計量が代

181

表値である。代表値には算術平均（以下，平均），中央値，モード（最頻値）などがある。

平均は，観測された測定値の総和を観測個数nで除した値である。たとえば7個の測定値 |2, 3, 3, 5, 6, 7, 9| の平均は5である。一般に，n個の測定値 |X_1, X_2, ⋯, X_n| の平均μは，記号Σ（シグマ）を用いて下のように表す。測定値 X_iの添字iは測定番号である。12章の表12-1に示されている認知的不協和の値は算術平均である。

$$平均 \mu = \frac{1}{n} \sum_{i=1}^{n} X_i = \frac{1}{n} \left(X_1 + X_2 + \cdots + X_n \right)$$

平均μと個々の測定値 X_i との差（平均偏差）の和はゼロになる。これは平均の計算結果の点検に役立つ。各自確認してみよう。

$$平均偏差の和 = \frac{1}{n} \sum_{i=1}^{n} (X_i - \mu) = 0$$

中央値はn個の測定値の中央に位置する値である。測定値 |2, 3, 3, 5, 6, 7, 9| の中央値は5である。6章のソーンダイクの問題箱の学習曲線は中央値で描かれている。モードは出現分布上で最も頻度が高い測定値で，上述の測定値のモードは3である。

3. 分散と標準偏差

測定値の散らばり（散布）の大きさを示す統計量は範囲と分散である。範囲は，測定値の最小値と最大値で表示する。分散は，平均のまわりの測定値の散らばりの大きさを示す統計量である。下の式で示すように，n個の測定値の平均偏差の平方和の平均である。分散は幾何学的には，平均偏差を1辺とするn個の正方形の面積和の平均である。分散の平方根が標準偏差で，SD（standard deviation）と表示する。SDは分散量を面積にもつ正方形の1辺に相当する。

正規分布する測定値は平均との差（平均偏差）を標準偏差で除した正規得点（Z値）に変換し，標準偏差を1目盛とする標準正規分布（平均 = 0，分数 = 1）上の数値として表示する。

$$分散 = \frac{1}{n} \sum_{i=1}^{n} (X_i - \mu)^2 \quad ; \mu は平均$$

$$= \frac{1}{n} \{ (X_1 - \mu)^2 + (X_2 - \mu)^2 + \cdots + (X_n - \mu)^2 \}$$

$$標準偏差SD = \sqrt{分散}$$

4. 相関と回帰直線

相関は，2つ以上の変数の測定値の間に内在する相互依存の関係を数量的に表す統計量で，心理学で広く使用される。基本的な理解のために，2つの変数XとY（たとえば身長と体重，国語と数学の成績）の単相関（以下，相関）を説明する。相関は，一方の変数Xの増減に対応して他方の変数Yが直線的に増減する関係を表す概念である。その関係の強さと方向を表す統計量が相関係数である。代表的な相関係数はピアソンの積率相関係数（Pearson's product moment correlation coefficient）である。この系数はrと略記し，下の式のように，変数XとYの共分散を変数XとYそれぞれの分散で除した値の相乗平均（幾何平均）である。共分散は2組の変数XとYが共変動する関係の強さを示す統計量で，変数Xの平均偏差と変数Yの平均偏差の積の和の平均である。

$$相関係数 r = \sqrt{\frac{共分散XY}{分散X} \cdot \frac{共分散XY}{分散Y}} = \frac{共分散XY}{(標準偏差X)(標準偏差Y)}$$

$$共分散 = \frac{1}{n} \sum_{i=1}^{n} (X_i - \mu_x)(Y_i - \mu_y) \; ; \mu_x と \mu_y は変数XとYの平均$$

下表は，10名の学生を対象に測定した自宅での学習時間と試験成績の関係を示す。これのピアソンの積率相関係数は，分散（学習時間 X の SD = 1.44, 試験成績 Y の SD = 18.33）と共分散（= 23.50）を用いると r=0.893 の正相関を得る（各自確認のこと）。相関係数の計算は標準偏差を用いるほうが容易である。

	S₁	S₂	S₃	S₄	S₅	S₆
学習時間	0.5	1.0	1.5	2.0	2.5	3.0
試験成績	25	30	50	45	65	60

	S₇	S₈	S₉	S₁₀	平均	分散
	3.5	4.0	4.5	5.0	2.8	2.06
	70	85	65	75	57.0	336.0

相関係数 r は −1 と 1 の間で変動し，変数 X と Y の値が正方向に（右肩上がりに）共変動するとき 1 に近づき，逆方向に（左肩上がりに）共変動するとき −1 に近づく。|r| ≧ 0.7 のとき 2 変数の間に強い相関があり，0.4 < |r| < 0.7 のときやや相関があると理解する。上の表データの相関係数 r=0.893 は非常に強い相関で，学習時間が長いほど試験成績が良いこと，あるいは試験成績が良いほど学習時間が長いことを示す。

ピアソンの積率相関係数は，実測値の散らばりを最小の誤差分散で説明する2本の直線（回帰直線）から求められる。図附1の散布図上に描かれた2本の直線は，学習時間 X から成績 Y を推定したときの回帰直線（y= で表示）と，成績 Y から学習時間 X を推定したときの回帰直線（x= で表示）である。2本の回帰直線の傾きは，推定値と実測値の差（推定誤差）の分散を最小にする最小自乗法で求めら

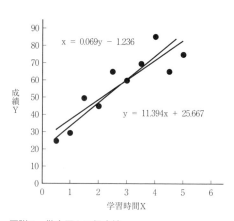

図附1　散布図と回帰直線

附章　心理統計への誘い

れ（ここでは省略），それぞれ $\dfrac{\text{共分散XY}}{\text{分散X}}$ と $\dfrac{\text{共分散XY}}{\text{分散Y}}$ である。したがって，相関係数 r は，代数的には 2 本の回帰直線の傾きの相乗平均であることがわかる。幾何学的には，2 本の回帰直線が交叉してつくる角度 θ の余弦値（cos θ）が相関係数にあたる。2 本の回帰直線が完全に重なるときは角度 θ が 0° か 180° で r= ± 1，角度 θ が 90° で直交するときは r = 0 である。

　回帰直線の当てはまりの良さは，相関係数 r の自乗である決定指数 r^2 で判断する。実測値の全分散（実測値と全平均の差の平方和）を推定分散（推定値と全平均との差の平方和）と誤差分散（推定値と実測値の差の平方和）の和に分解し，推定分散を全分散で除した値が決定指数（＝ 1 − 誤差分散比）である。したがって決定指数が 1 に近いほど直線の当てはまりが良い（誤差分散がゼロに近い）。上表の学習時間と成績の正相関（r = 0.893）の決定指数は 0.797，全測値の約 8 割が回帰直線で説明される。以上のように，心理変数の相関は，複数の変数（行動）間に相伴って変動する成分（共分散）がどの程度存在するのかを明らかにし，変数間の相関構造を調べる多変量解析へと展開する。

5. 検定と二項分布

　ある山奥で発見された球形の生物は，常にあちらこちらと転がり回り，特にザラザラした面を好んで転がり回る。この生物を Mr. BALL と命名する。Mr. BALL は目や鼻や耳などの感覚器官が識別できないが，視覚機能をもつのではないかと考えた心理学者が次のような実験を実施した。ザラザラした床を敷いた白いドアの部屋と，ツルツルした床を敷いた黒いドアの部屋を左右に並べ，Mr. BALL がどちらの部屋に入るのかを調べた。もしドアの白黒を弁別する視覚機能があれば，好みのザラザラした床を敷いた白いドアの部屋に頻繁に入ると予想した。テストを 20 回行い，位置反応の影響をなくすために 2 つの部屋の位置を適時交替した（今村護郎『行動と脳』，1981，pp.192-194 を参考）。

　Mr. BALL が白いドア，あるいは黒いドアを選択する試行を独立して n 回繰り返すとき，偶然に白ドアを選ぶ回数 X が X=k となる確率は 2 項分布に従い，

185

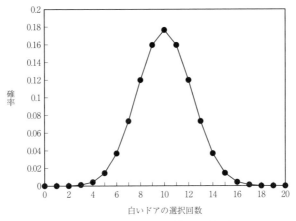

図附2　白いドアを選ぶ回数の2項分布

その確率は次式の

$$P(X = k) = {}_nC_k(p)^k(1-p)^{n-k} \quad n：テスト回数,\quad k：選択数$$
平均：np, 分散：$np(1-p)$

で与えられる。白いドアを選ぶ確率は$p = 0.5$, 黒いドアを選ぶ確率は$1 - P = 0.5$であるから, 20回のテストで白いドアをk回選ぶ確率は

$$P(X = k) = {}_{20}C_k(0.5)^k(0.5)^{20-k} = {}_nC_x(0.5)^{20}$$

である（$0.5^{20} = 0.00000095$）。図附2は20回のテストで白いドアを選択する回数k（$= 0, 1, 2, \cdots, 20$）の確率分布である。白いドアを10回選ぶ確率が最も高く（$p ≒ 0.18$），10回より離れるに従い確率が低下する釣り鐘型の分布である。分布の平均は10, 分散は5である。

さて, Mr. BALLが白黒の視覚弁別能力をもつかどうかを統計的に検定する。「Mr. BALLは白黒の弁別ができない」とする帰無仮説の下では, 白いドアを選ぶ確率と黒いドアを選ぶ確率は等しく, 0.5である。今, Mr. BALLが白い

附章　心理統計への誘い

ドアを 15 回あるいはそれ以上選ぶとすると，その確率は図附 2 より 0.021 である。統計学では，ある事象の生起が偶然とは言えないと判断できる臨界点の外の領域に落ちる確率を 5％（0.05）あるいは 1％（0.01）と定めている。したがって臨界点 5％の水準で帰無仮説は棄却される。また，2 項分布（平均 10，分散 5，標準偏差 2.23）を標準正規分布に近似させると，選択数 15 の正規得点（平均偏差を標準偏差で除した値）は 2.24 で，有意水準 5％の臨界点 1.96 の外にある。したがって帰無仮説を棄却し，「白黒の弁別ができる」と結論する。

　有意水準は，帰無仮説のもとで統計量（正規得点）が臨界点より外の領域（棄却域）に落ちる確率（5％あるいは 1％）を意味する。臨界点，確率密度，有意水準は，統計書の標準正規分布表に掲載されている。帰無仮説が正しければ誤りを犯すことになり，その確率は 5％である（第一種の過誤）。

6. t 検定：2 つの平均の有意差検定

　男女 10 名のミューラー・リヤー図形の錯視量（線分の実寸と見かけの長さとの差）を下の表に示す。男子の錯視量の平均と散らばり（範囲と標準偏差）が女子よりやや大きいが，錯視量に男女差はあるのだろうか。男女の錯視量の平均差を t 検定で調べる。

	測定値					平均	SD	範囲
男子	18　24　29　33　34 44　51　38　55　61					38.7	13.18	18 − 61
女子	11　16　18　22　28 34　32　37　42　53					29.3	12.27	11 − 53

　帰無仮説「男女の錯視量の平均は等しい」の下で，男女の平均差の統計量 t が有意水準 5％または 1％の臨界点の外にあるかどうかを，以下の手順で調べる。

(1) 男女の測定値全体の分散を求める。男女それぞれの SD の自乗（分散）の

187

合計値を 18（自由度，男女各 9 の和）で除した値が全分散である。

(2) 全分散の平方根の標準偏差（4.23）を求め，男女の平均差（9.4 = 38.7 － 29.3）を正規化した統計量 t を求める。t 値は 2.222（= 9.4 ÷ 4.23）である。

(3) t 値 2.222 は有意水準 5% の臨界点 2.101（自由度 18）の外にあるので帰無仮説を棄却する。つまり，有意水準 5% で男女の錯視量の平均差は有意であると結論する。有意水準 1%（臨界点 2.878）では有意とはならない。

　自由度は，互いに独立な測定値の数から互いに独立な母数（平均）の推定値の数を差し引いた値である。この例では男女の各標本の大きさが 10，推定される母数（平均）の数が 1 であるので，自由度は 9（合計 18）である。統計書には，有意水準 5% と 1% のもとで自由度の大きさに対応した t の臨界値の統計数値表が掲載されている。なお，12 章の表 12-1 の t 検定の統計量（t= 2.48 と t= 2.22）は 5% 水準で有意である（自由度 = 38）。

7. 度数分析：カイ二乗（χ^2）

　カイ二乗検定は，人数や事象の度数の有意差を統計的に検定する代表的な方法である。下左の 2 × 2 分割表は朝食を摂る習慣の人数と早寝と遅寝の習慣の人数の実測値を示し，右表はその期待度数である。早寝と遅寝の間で，朝食を摂る実測度数は異なるようである。カイ二乗検定を用いて統計的に検討する。

2 × 2 分割表

実測度数	早寝	遅寝	計
朝食あり	50	50	100
朝食なし	30	60	90
計	80	110	190

期待度数	早寝	遅寝	計
朝食あり	42.1	57.9	100
朝食なし	37.9	52.1	90
計	80	110	190

附章　心理統計への誘い

　まず，「早寝と遅寝の人の間で朝食ありとなしの度数に差はない」と帰無仮説を立てる。その仮説のもとで，早寝と遅寝の全体度数の比率は80 / 190 = 0.42と110 / 190 = 0.58であるから，早寝と遅寝それぞれで朝食ありと朝食なしの比率も0.42と0.58となるはずである（周辺度数を固定）。この比率で算出した期待度数を右表に示す。各セルの期待度数は，各周辺度数を乗じた値を総度数で除した値で，早寝の人で朝食ありの期待度数は100 × 80 / 190 = 42.1となる。

　帰無仮説が正しければ，観測度数と期待度数の差は小さいはずである。その差の大きさを下のカイ二乗の計算式で求め，その値が臨界点の外にあるときに帰無仮説を棄却する。

$$\text{カイ二乗} = \sum_{i=1}^{n} \frac{(\text{実測度数} - \text{期待度数})^2}{\text{期待度数}}$$

本例のカイ二乗の値は5.398である。

$$\frac{(50 - 42.1)^2}{42.1} + \frac{(30 - 37.9)^2}{37.9} + \frac{(50 - 57.9)^2}{57.9} + \frac{(60 - 52.1)^2}{52.1} = 5.398$$

　カイ二乗の臨界点は，統計数値表より，有意水準5％で3.841，有意水準1％で6.635である（自由度1）。算出したカイ二乗の値（5.398）は，有意水準5％の臨界点3.841の外にあるので帰無仮説を棄却し，早寝と遅寝の間で朝食を摂る人数は有意に異なると結論する。

8. 度数分析：オッズ比

　前述の2 × 2分割表のカイ二乗の分析は，早寝と遅寝の間で朝食の頻度に差があることを全体として示しているが，その差の倍率を知りたい場合はオッズ比を用いる。オッズとは，ある事象が生じる確率pと生じない確率1 − pの比p／(1 − p)である。前述の2 × 2分割表で，早寝の人が朝食を摂るオッズ

189

は，朝食を摂る確率 50/80 と摂らない確率 30/80 の比，つまり 50/30（約 1.7倍）である。同様に，遅寝の人が朝食を摂るオッズは 50/60（約 0.83 倍）である。したがって両者のオッズ比は 2.00（=60/30）となる。つまり，早寝の人が朝食を摂る人数は遅寝の人の 2 倍である。オッズ比は，周辺度数の大きさの影響を受けない倍率を与える点で優れている。

このオッズ比の 95% 信頼区間は 1.11 〜 3.60 で，下限値 1.11 が 1 を超えるのでオッズ比は有意である。オッズ比 95% の信頼区間は以下の手順で算出する。

95% の信頼区間の範囲（上限と下限）
= オッズ比 × 自然指数 e（± 1.96 × オッズ比の標準誤差）
　オッズ比の標準誤差 = 平方根（1/50 + 1/50 + 1/30 + 1/60）= 0.300
　上限 = 2 × 自然指数 e（1.96 × 0.300）= 2 × 1.800 = 3.600
　下限 = 2 × 自然指数 e（− 1.96 × 0.300）= 0.555 = 1.110

設問 平均偏差の和がゼロになることを一般式（Σ を使用）で確認しなさい。

設問 帰無仮説について述べなさい。

思考の道筋を楽しむコーナー　解答編

【覆面算】

連立方程式を用いた解決方略を例示する。ヒントから
$M = 1$。桁上がりの値（0か1）と記号（x, y, z）の使用に注意
し，連立方程式を以下のように記述する。

$$
\begin{array}{r}
9567 \\
+ 1085 \\
\hline
10652
\end{array}
$$

$$
\begin{cases}
S + 1 + x = 10 + O & \cdots ① \quad (10\text{は5桁目へ，xは3桁目からの桁上がり}) \\
E + O + y = 10x + N & \cdots ② \quad (3\text{桁目，yは2桁目からの桁上がり}) \\
N + R + z = 10y + E & \cdots ③ \quad (2\text{桁目，zは1桁目からの桁上がり}) \\
D + E = 10z + Y & \cdots ④ \quad (1\text{桁目})
\end{cases}
$$

下位目標を式①とする。

$S = 9 + O - x < 10$ と書き直すと，$O < 1 + x$。

$x = 1$，$O = 1$ は不可（∵ $M = 1$）

したがって，$x = 0$，$\underline{O = 0}$，$\underline{S = 9}$。　目標達成

下位目標を式②と式③とする。

式②に $x = 0$，$O = 0$ を代入して，$E + y = N$ ・・・・・・・・・ 式⑤

式⑤と式③の連立方程式を解く。両辺のEとNが相殺され，

$R + y + z = 10y$，$R = 9y - z > 1$ となる。$y = 0$ は $R < 0$ で不可。

したがって $y = 1$

$z = 0$ のとき，$R = 9$ となり不可（∵ $S = 9$）。

$z = 1$ のとき，$\underline{R = 8}$。目標達成

式③にR, y, zの値を代入して，$E = N - 1 < 7$ ・・・・・・・・ 式⑥

整数8と9は使用済みであるので

191

可能な (N, E) の組み合わせは $(7, 6)$ $(6, 5)$ $(5, 4)$ $(4, 3)$ $(3, 2)$。
ここで目標を変更

下位目標を式④とする。

$z = 1$ を代入して，$D + E = 10 + Y > 11$，$E < 7$（式⑥）となる。

$D + E > 11$ を満たす (D, E) の組み合わせは $(7 と 6)$ $(7 と 5)$。

$D = 7$，$E = 6$ のとき $Y = 3$，しかし $N = 7$ で不可（∵ $D = N$）

したがって，<u>$D = 7$</u>，<u>$E = 5$</u> で <u>$Y = 2$</u>。　目標達成

式④または⑥より，<u>$N = 6$</u>。　すべての全目標達成

【ピアジェのオモリと天秤】　3通りの解がある。

1. 当て推理

   軽いオモリが偶然に見つかるまで左右の天秤に1個ずつオモリを載せる操作を繰り返す一対比較の方法で，偶発的に軽いオモリが見つかる。天秤操作の回数は1回〜4回である。

2. 折半法の繰り返しによる単純推理

   折半法の反復で見つかると単純に推理する。オモリを4個の2群に折半して左右の天秤に載せ，軽いオモリ群をさらに2群に折半して天秤に載せ，軽くなった群をまた折半して最後の軽いオモリ1個を見つける。天秤操作は必ず3回である。

3. 仮説演繹法による推理

   任意の2個をまず取り除いて残り6個を折半法と仮説演繹法で比較する。

   仮説1：もし6個を折半して天秤に載せ，重さが等しければ，最初に取り除いた2個のいずれかが軽いオモリである。

   仮説2：もし6個を折半して天秤に載せ，重さが違えば，軽いオモリが含

まれている3個から任意に2個を天秤で比較する。その結果，等しくなければそのときに軽いオモリが見つかる。等しければ残りの1個が軽いオモリである。天秤操作は必ず2回である。

【ウェイソンの4枚カード】

「母音であれば偶数」の約束が真であることを確認するために，当然，母音E は裏返す。

約束の逆である「偶数であれば母音」は必ずしも成立しない。4は裏返さない。

約束の対偶である「奇数であれば母音でない」は成立するので7を裏返す。

一般に，4のカードを裏返す回答がよくみられる。それは，約束を満たすことの確認で満足する確証のバイアスである。

引用文献・参考文献

Adams, D.B. (1968) The activity of single cells in the midbrain and hypothalamus of the cat during affective defense behavior. Archives Italiennes de Biologie 106, 243–269.

Adorno, T.W., Frenkel-Brunswik, E., et al. (1950) The Authoritarian Personality, New York: Harper and Row.

Allport, G.W. (1935) Attitudes. In A Handbook of Social Psychology. Worchester, MA: Clark University Press.

Allport. G.W. (1961) Pattern and Growth in Personality, New York: Holt, Rinehart & Winston. オールポート，G.W. 今田　恵監訳（1968）『人格心理学（上下）』誠信書房.

Allport, G.W. (1965) Letters from Jenny. New York: Harcourt Brace Jovanovich. オールポート，G.W. 青木孝悦・萩原 滋訳（1982）『ジェニーからの手紙―心理学は彼女をどう解釈するか』新曜社.

American Psychiatric Association. (2022) Diagnostic and Statistical Manual of Mental Disorder, Fifth Edition Text Revision. Washington, DC.: American Psychiatric Association Publishing. 髙橋三郎・大野 廣監訳（2023）『DSM-5-TR精神疾患の診断・統計マニュアル』医学書院.

Asch, S.E. (1951) Effects of group pressure upon the modification and distortion of judgments. In H. Guetzkow (Ed.), Groups, leadership and men. pp.177–190, Pittsburgh, PA: Carnegie Press.

Aserinsky, E. & Kleitman, N. (1953) Regularly occurring periods of eye motility, and concomitant phenomena, during sleep. Science, 118, 273-274.

Baddeley, A.D. (1986) Working Memory, Oxford: Oxford University Press.

Bandura, A. & Walters, R.H. (1963) Social learning and personality development. New York: Holt, Rinehart & Winston.

Bandura, A. (1965) Influence of models' reinforcement contingencies on the acquisition of imitative responses. Journal of Personality and Social Psychology, 1(6), 589-595.

Beach, F.A. & Holz-Tucker, A.M. (1949) Effects of different concentrations of androgen upon sexual behavior in castrated male rats. Journal of Comparative and Physiological Psychology, 42(6), 433-453.

Binet, A. & Simon, T.H. (1911) A method of measuring the development of the intelligence of young children. Lincoln, Illinois: Courier Company. ビネー，A.・シモン，T.H. 中野善達・大沢正子訳（1982）『知能の発達と評価―知能検査の誕生』福村出版.

Blakemore, C. & Cooper, G. (1970) Development of the brain depends on the visual environment. Nature, 228, 477-478.

Blakemore, C. & Mitchell, D.E. (1973) Environmental modification of the visual cortex and the neural basis of learning and memory. Nature, 241, 467-468.

Bliss, T.V. & Lømo, T. (1973) Long-lasting potentiation of synaptic transmission in the dentate area of the anaesthetized rabbit following stimulation of the perforant path. Journal of Physiology,

232, 331-356.

Bloom, F.E., Nelson, C.A., & Lazerson, A.（2000）Brain, Mind, and Behavior. Worth Publishers. ブルーム，F. E.　中村克樹・久保田 競監訳（2004）『新・脳の探検（上下）』講談社BLUE BACKS.

Borbély, A.A., & Achermann, P.（1992）Concepts and models of sleep regulation: An overview. Journal of sleep research, 1(2), 63-79.

Brod, C.（1984）Technostress: The Human Cost of The Computer Revolution. Addison-Wesley, Reading, Ma.

Bruner, J.S. & Minturn, A.L.（1955）Perceptual identification and perceptual organization. Journal of General Psychology, 53, 21-28.

Cannon, W.B.（1932）The Wisdom of the Body, New York: Norton.

Curtiss, S.（1977）Genie: A Psycholinguistic Study of a Modern-Day "Wild Child". London: Academic Press Inc. カーチス，S. 久保田 競・藤永安生訳（1992）『ことばを知らなかった少女ジーニー——精神言語学研究の記録』築地書館.

Данилова, Н.Н. и Крылова, А.Л.（1989）Физиология Высшей Нервной Деятельности, Московский Университет.

Darwin, C.（1877）A Biographical Sketch of an Infant. Mind, 2(7), 285-294.

Davis, M. H.（2006）. Empathy. In J. E. Stets & J. H. Turner (Eds.), Handbook of the sociology of emotions, 443-466. New York: Springer.

Deliens, G. & Peigneux, P.（2019）Sleep-behavior relationship in children with autism spectrum disorder: methodological pitfalls and insights from cognition and sensory processing. Developmental Medicine & Child Neurology, 61(12), 1368-1376.

Denes, P.B. & Pinson, E.N.（1963）The Speech Chain: the physics and biology of spoken language. Bell Telephone Laboratories. デニシュ，P.・ピンソン，E.N. 切替一郎・藤村 靖監修 神山五郎・戸塚本吉共訳（1966）『話しことばの科学—その物理学と生物学』東京大学出版会.

Ebbinghaus, H.（1885）Memory: A Contribution to Experimental Psychology. http://psychclassics. yorku.ca/Ebbinghaus/memory7.htm（Christopher D. Green, York University, Toronto, Ontario）

Engels, F.（1896）Antheil der Arbeit an der Menschwerdung des Affen. Veröffentlicht erstmalig in: Die Neue Zeit (Stuttgart), XIV, Jahrgang 1895-96, 2, 545-554. エンゲルス，F. 菅原 仰訳（1970）「猿が人間化するにあたっての労働の役割」『自然の弁証法（1）』224-243，大月書店.

Erikson, E.H.（1968）Identity: Youth and Crisis. New York: Norton.

Eysenck, H.J. & Prell, D.B.（1951）The Inheritance of Neuroticism: An Experimental Study. British Journal of Psychology, 97, 441-465.

Eysenck, HJ.（1953）The structure of human personality, London: Methuen.

Fantz, R.L.（1961）The Origin of Form Perception. Scientific American, 204, 66-72.

Festinger, L.（1957）A Theory of Cognitive Dissonance, Stanford University Press.

Festinger, L. & Carlsmith, J.M.（1959）Cognitive consequences of forced compliance. The Journal of

Abnormal and Social Psychology, 58, 203-210.

Freud, S. (1933) Neue Folge der Vorlesungen zur Einführung in die Psychoanalyse. Wien, Internationaler psychoanalytischer Verlag. フロイド，S. 古沢平作訳 (1969)『フロイド選集3 続精神分析入門』日本教文社.

Freudenberger, H. (1974) Staff Burn-out. Journal of Social Issues, 30, 159-165.

Friedman, M. & Rosenman, R.H. (1959) Association of specific overt behavior pattern with blood and cardiovascular findings: Blood cholesterol level, blood clotting time, incidence of arcus senilis and clinical coronary artery disease. Journal of American Medical Association, 169, 1286-1296

Fromm, E. (1941) Escape from Freedom. New York: Rinehart. フロム，E. 日高六郎訳 (1970)『自由からの逃走』創元新社.

古川聡・川崎勝義・福田幸男 (1998)『脳とこころの不思議な関係—生理心理学入門』川島書店.

Gesell, A. & Thompson, H. (1929) Learning and growth in identical infant twins: An experimental study by the method of co-twin control. Genetic psychology monographs, 6, 5-124. 伊藤直樹 (2013)「教職課程での教育に教育心理学をどのようにいかすか（その1）—人間の発達を捉える諸理論を中心に」『神奈川大学心理・教育研究論集』34, 69-80.

Гоноболи, ф.н. (1973) Психология. Просвещение. ゴノボリン，F.N. 新井邦二郎・内野康人之訳 (1975)『心理学入門』新評論社.

Gregory, R. (1970) The intelligent eye. McGraw-Hill, New York (Photographer: RC James).

Gross, C.G. (2002) Genealogy of the "grandmother cell". The Neuroscientist, 8(5), 512-518.

Guilford, J.P. (1967) The Nature of Human Intelligence. McGraw-Hill, New York.

Harlow, H.F. (1949) The formation of learning sets. Psychological Review, 56, 51-65.

Harlow, H.F. (1950) Learning and satiation of response in intrinsically motivated complex puzzle performance by monkeys. Journal of Comparative and Physiological Psychology, 43, 289-294.

Harlow, H.F. (1958) The nature of love. American Psychologist, 13, 673-685.

Harlow, H.F. & Zimmermann, R.R. (1959) Affectional responses in the infant monkey; orphaned baby monkeys develop a strong and persistent attachment to inanimate surrogate mothers. Science, 130, 421-432.

Harvey, W. (1628) Exercitatio Anatomica de Motu Cordis et Sanguinis in Animalibus. (Latin) ハーヴェイ，W. 暉峻義等訳 (1961)『動物の心臓ならびに血液の運動に関する解剖学的研究』岩波書店.

橋本聡子・本間さと・本間研一 (2007)「睡眠と生体リズム」『日本薬理学雑誌』129(6), 400-403.

Havighurst, R.J. (1972) Developmental tasks and education. New York: David McKay Company.

Hebb, D.O. (1958) A Textbook of Psychology. Philadelphia: W. B. Saunders. ヘッブ，D.O. 白井常他訳 (1967)『行動学入門—生物科学としての心理学』紀伊國屋書店.

Heider, F. (1958) The Psychology of Interpersonal Relations. Hoboken, New Jersey: John Wiley & Sons.

Held, R. & Hein, A. (1963) Movement-produced stimulation in the development of visually guided behavior. Journal of Comparative and Physiological Psychology, 56, 872-876.

Heron, W., Doane, B.K., & Scott, T.H. (1956) Visual disturbances after prolonged perceptual isolation. Canadian Journal of Psychology / Revue canadienne de psychologie, 10(1), 13-18.

Hersey, P. & Blanchard, K.H. (1988) Management of Organizational Behavior: Utilizing Human Resources. New Jersey: Prentice Hall.

Hess, E.H. (1973) Imprinting: early experience and the developmental psychobiology of attachment. New York: Van Nostrand Reinhold Co.

Hessler, D.M. & Katz, L.F. (2010) Brief report: Associations between emotional competence and adolescent risky behavior. Journal of Adolescence, 33(1), 241-246.

日道俊之・小山内秀和・後藤崇志 他 (2017)「日本語版対人反応性指標の作成」『心理学研究』88(1), 61-71.

平野晋吾 (2023)「発達障害児の睡眠の理解と支援」日本睡眠環境学会監修『睡眠環境学入門』167-172, 全日本病院出版会.

広重佳治 (1982)「現代心理学の成立」金子隆芳編『現代心理学要論』1-26, 教育出版.

広重佳治 (2009)「人の終夜睡眠経過の記述に適切な時間分解能」日本心理学会第73回大会発表.

Holmes, T.H. & Rahe, R.H. (1967) The Social Readjustment Rating Scale. Journal of Psychosomatic Research, 11, 213-218.

House, E.L. & Pansky, B. (1960) A functional approach to neuroanatomy. McGraw-Hill Book Company.

Hubel, D.H. & Wiesel, T.N. (1959) Receptive fields of single neurones in the cat's striate cortex. Journal of Physiology, 148, 574-591.

Hull, C.L. (1943) Principles of Behavior: an introduction to behavior theory, New York: Appleton-Century-Croft. ハル, C.L. 能見義博・岡本栄一訳 (1960)『行動の原理』誠信書房.

今田 恵 (1962)『心理学史』岩波書店.

Imada, H. & Imada, S. (1983) Thorndike's (1898) puzzle-box experiments revisited. Kwansei Gakuin University Annual Studies, 32, 167-184.

井上昌次郎 (1989)『脳と睡眠―人はなぜ眠るか』共立出版.

磯貝芳郎・藤田 統・森 孝行編著 (1978)『心の実験室1』福村出版.

岩原信九郎 (1981)『生理心理学』星和書店.

Jenkins, J.G. & Dallenbach, K.M. (1924) Oblivescence during sleep and waking. The American Journal of Psychology, 35, 605-612.

Kanizsa, G. (1955) Margini quasi-percettivi in campi con stimolazione omogenea, Rivista di Psicologia 49(1), 7-30.

Keller, A.H. (1902) The Story of My Life. In J. A. Macy (Ed.), New York: Doubleday, Page & Company. ケラー, A.H. 川西 進訳 (1983)『ヘレン・ケラー自伝』ぶどう社.

菊池 聡 (2012)『なぜ疑似科学を信じるのか―思い込みが生みだすニセの科学』化学同人.

Kimura, D. (1967) Functional asymmetry of the brain in dichotic listening. Cortex, 3, 163-178.

Коган, А.Б. (1959) Основы Физиологии Высшей Нервной Деятельности. Москва:

Высшая Школа. コーガン, A.B. 川村 浩訳 (1964)『脳生理学の基礎―高次神経活動の生理学 (上下)』岩波書店.

児玉斉二 (1982)「奚戁氏心理学の研究 (1)」『日本大学人文科学研究所研究紀要』26, 97-114.

Köhler, W. (1925) The mentality of apes. New York: Harcourt Brace & Company. ケーラー, W. 宮 孝一訳 (1938)『類人猿の知恵試験』岩波書店.

国立研究開発法人国立環境研究所動物実験委員会 (2013)『国立環境研究所動物実験等実施規程』https://www.nies.go.jp/kihon/kitei/kt_doubutujikkenrinri.pdf

Kretschmer, E. (1955) Körperbau und Charakter: Untersuchungen zum Konstitutions-Problem und zur Lehre von den Temperamenten. Berlin: Springer. クレッチメル, E. 相場 均訳 (1961)『体格と性格―体質の問題および気質の学説によせる研究』文光堂.

久保ゆかり (2007)「怒りの表出機能についての認識の発達―インタビューと参与観察による5歳から6歳にかけての縦断的研究」『東洋大学社会学部紀要』45(2), 99-112.

Lazarus, R.S. (1966) Psychological stress and coping process. New York: McGraw Hill.

Lazarus, R.S. & Folkman, S. (1984) Stress, appraisal, and coping, New York, Springer.

Leavitt, H.J. (1951) Some effects of certain communication patterns on group performance. Journal of Abnormal and Social Psychology, 46, 38-50.

Lewin, K. (1951) Field Theory in Social Science: selected theoretical papers (Edited by D. Cartwright.), New York: Harper & Brothers. レヴィン, K. 猪股佐登留訳 (1956)『社会科学における場の理論』誠信書房.

Lewin, K., Lippit, R. & White, R.K. (1939) Patterns of aggressive behavior in experimentally created "social climates". The Journal of Social Psychology, 10, 271-299.

Locke, J. (1689) An Essay concerning Humane Understanding. ロック, J. 加藤卯一郎訳 (1993)『人間悟性論 (上下)』岩波文庫.

Лурия, А.Р. (1957) О генезисе произвольных движений. Вопросы психологии 6, 3-19. ルリヤ, A.P. 松野 豊・関口 昇訳 (1969)「随意運動の発生」『言語と精神発達』明治図書.

MacLean, P.D. (1949) Psychosomatic disease and the "visceral brain"; recent developments bearing on the Papez theory of emotion. Psychosomatic Medicine, 11, 338-353.

Magoun, H.W. (1952) An ascending reticular activating system in the brain stem. A.M.A. Archives of Neurology and Psychiatry, 67, 145-154.

Maslow, A.H. (1954) Motivation and personality. New York: Harper & Row.

Miller, G.A., Galanter, E., & Pribram, K.H. (1960) Plans and the structure of behavior. Henry Holt and Co., New York.

松井 豊 (1991)「血液型による性格の相違に関する統計的検討」『東京都立立川短期大学紀要』24, 51-54.

Milner, B. (1971) Interhemispheric differences in the localization of psychological processes in man. British Medical Bulletin, 27, 272-277.

三隅二不二 (1966)『新しいリーダーシップ―集団指導の行動科学』ダイヤモンド社.

Moreno, J.L. (1953) Who shall survive?: Foundation of sociometry, group psychotherapy and socio-drama. New York: Beacon House.

Müller-Lyer, F.C.（1889）Optische Urteiltäuschungen. Archiv für Anatomie und Physiologie, Physiologiosche Abteilung, 2, 263-270.

Murray, H.（1938）Explorations in Personality, New York: Oxford University Press.

中村 浩・戸澤純子（2017）『ポテンシャル知覚心理学』サイエンス社.

中村和夫（1994）「ヴィゴーツキーの最近接発達領域の概念について」『心理科学』16(1), 35-59.

成田義弘（1993）『心身症』講談社.

夏目 誠・村田 弘（1993）「ライフイベント法とストレス度測定」『大阪府立公衆衛生研究所研究報告』 42(3), 402-412.

Neisser, U.（1967）Cognitive psychology. NewYork: Appleton-Century-Crofts. ナイサー, U. 大羽 蓁 訳（1981）『認知心理学』誠信書房.

Newcomb, T.M.（1950）Social Psychology. Hinsdale, Il.: Dryden Press. ニューカム, T.M. 森 東吾・ 万成 博共訳（1956）『社会心理学』培風館.

日本睡眠学会編（2009）『睡眠学』朝倉書店.

日本ユニセフ協会（2023）「世界子供白書2023―すべての子どもに予防接種を 日本語版（要約）」.

Ogden, C.K. & Richards, I.A.（1923）The Meaning of Meaning, Harcourt Brace Jovanovich.

大村 裕・清水宣明（1984）「食欲の生理―視床下部化学センサーによる体液性摂食調節機構」『化学と 生物』22(4), 228-241.

大山 正（1968）「感覚・知覚測定法（I）」『人間工学』4(1), 37-47.

Ormel, J., Jeronimus, B.F., Kotov, R., et al.（2013）Neuroticism and common mental disorders: Meaning and utility of a complex relationship. Clinical Psychology Review, 33 (5), 686-697.

Pääbo, S.（2022）The genomes of extinct hominins and human evolution. The Nobel Prize in Physiology or Medicine 2022 Press Release.
https://www.nobelprize.org/prizes/medicine/2022/press-release/

Piaget, J.（1964）Cognitive Development in Children: Development and Learning. Journal of Research in Science Teaching, 2, 176-186.

Piaget, J.（1974）The language and Thought of the Child (M. Gabai, Trans.), New York: New American Library.

Pribram, K.H.（1971）Languages of the Brain: Experimental Paradoxes and Principles in Neuropsychology. Englewood Cliffs, N.J.: Prentice-Hall. プリブラム, K.H. 岩原信九郎・酒井 誠 訳（1978）『脳の言語―実験上のパラドックスと神経心理学の原理』誠信書房.

Rizzolatti, G., Fadiga, L., Gallese, V., et al.（1996）Premotor cortex and the recognition of motor actions. Cognitive Brain Research, 3, 131-141.

Rolls, E.T.（1984）Neurons in the cortex of the temporal lobe and in the amygdala of the monkey with responses selective for faces. Human neurobiology, 3, 209-222.

Routtenberg, A.（1978）The reward system of the brain. Scientific American, 239, 154-164.

Rubin, E.（1921）Visuell Wahrgenommene Figuren: Studien in psychologischer Analyse. Copenhagen, Gyldendalske Boghandel.

Рубинштейн, С.Л. (1957) Бытие и сознание. О месте психического во всеобщей взаимосвязи явлений материального мира Изд-во АН СССР. ルビンシュテイン, S.L. 寺沢恒信訳（1982）『存在と意識』青木書店.

Saarni, C., Campos, J.J., Camras, L.A., et al. (2006) Emotional development: Action, communication, and understanding. In N. Eisenberg, W. Damon & R.M. Lerner (Eds.), Handbook of Child Psychology: Social, emotional, and personality development, 226-299. New York: John Wiley & Sons, Inc.

櫻井 武（2012）『〈眠り〉を巡るミステリー――睡眠の不思議から脳を読み解く』NHK出版.

Scammon, R.E. (1930) The measurement of the body in childhood. In J.A. Harris, C.M. Jackson, D.G. Paterson, & R.E. Scammon (Eds), The Measurement of Man, 173-215 Minneapolis: University of Minnesota Press.

Schachter, S. & Singer, J.E. (1962) Cognitive, social, and physiological determinants of emotional state. Psychological Review, 69, 379-399.

Seligman, M.E.P. (1974) Depression and learned helplessness, In R.J. Friedman and M.M. Katz (Eds.), The Psychology of depression: Contemporary theory and research. New York: Winston-Wiley.

Seligman, M.E.P. (2011) Flourish: A visionary new understanding of happiness and well-being. New York, NY: Simon & Schuster.

Selye, H. (1955) Stress and disease. Science, 122, 625-631.

Sheldon, W.H. & Stevens, S.S. (1942) The varieties of temperament: a psychology of constitutional differences. New York: Harper & Brothers.

Skinner, B.F. (1958) Teaching Machines. Science, 128, 969-977.

Smith, J. & Baltes, P.B. (1990) Wisdom-related knowledge: Age/cohort differences in response to life-planning problems. Developmental Psychology, 26(3), 494-505.

Sokolov, E.N. (1960) Neural models and the orienting reflex. In M.A. Brazier (Ed.), The Central Nervous System and Behaviour, 187-276. New York: J. Macy,

総務省統計局（2024）『人口推計―2024年（令和6年）2月報：2023年9月確定値（年齢・男女別人口）』https://www.stat.go.jp/data/jinsui/pdf/202402.pdf

Sperry, R.W. (1966) Mental unity following sugical disconnection of the cerebral hemispheres. The Hervey Lectures, Ser.62, 293-323. Academic Press.

Spielberger, C.D. (1966) Anxiety and Behavior, New York: Academic Press.

鈴木宏哉（1985）『人間発達の生理と障害』青木書店.

詫摩武俊編著（1968）『性格の理論』誠信書房.

田丸敏高（2002）「子どもの思考研究における発達・臨床的アプローチと対話法」『鳥取大学地域科学部教育実践センター研究年報』11, 1-4.

Teghtsoonian, R. (1971) On the exponents in Stevens' law and the constant in Ekman's law. Psychological Review, 78, 71-86.

Thompson, R.F. (1975) Introduction to Physiological Psychology, New York, Harper & Row Publishers.

引用文献・参考文献

Thorndike, E.L. (1911) Animal Intelligence: Experimental study of associative processes in animals. Classics in the History of Psychology: Internet resource developed by Green, C.D.

Tolman, E.C. (1948) Cognitive maps in rats and men. The Psychological Review, 55(4), 189-208.

時実利彦 (1969)『現代人間学3 人のこころⅠ』みすず書房.

辻岡美延 (1967)『新性格検査法―Y-G性格検査実施・応用・研究手引』竹井機器工業.

津本忠治 (1986)『脳と発達―環境と脳の可塑性』朝倉書店.

都築 学 (2021)「現代青年における希望の心理学 研究委員会企画第17回 (2020年) ワークショップ記録」『青年心理学研究』32, 121-126.

梅本堯夫・大山 正編著 (1994)『心理学への招待―こころの科学を知る』サイエンス社.

UNICEF Innocenti Research Centre (2007) Child Poverty in Perspective: An overview of child well-being in rich countries. UNICEFイノチェンティ研究所. 国立教育政策研究所・国際研究・協力部訳 (2010)「先進国における子どもの幸せ―生活と福祉の総合評価 UNICEFイノチェンティ研究所『Report Card7』研究報告書」.

Вацуро, Э.Г. (1955) Учение И.П. Павлова о высшей нервной деятельности. Издательство: Москва: Учпедгиз. ヴァツーロ, E.G. 住 宏平訳 (1970)『パヴロフ学説入門―大脳生理と精神活動』明治図書.

Выготский, Л.С. (1934) Мышление и Речь. Государственное Социально-Экономическое Издательство Москва, Ленинград. ヴィゴツキー, L.S. 柴田義松訳 (1969)『思考と言語 (上下)』明治図書.

Выготский, Л.С. (1935) Умственное развитие детей в процессе обучения: сборник статей. Государственное учебно-педагогическое издательство, Москва; Ленинград. ヴィゴツキー, L.S. 柴田義松・森岡修一訳 (1975)『子どもの知的発達と教授』明治図書.

Wallon, H. (1945) Les origines de la Pensée chez l'enfant, Presses universitaires de France. ワロン, H. 滝沢武久・岸田 秀訳 (1968)『子どもの思考の起源 (上下)』明治図書.

渡辺弘純 (2005)「希望の心理学について再考する―研究覚書」『愛媛大学教育学部紀要』52(1), 41-50.

Watson, J.B. (1913) Psychology as the Behaviorist Views it. Psychological Review, 20, 158-177.

Watson, J.B. & Rayner, R. (1920) Conditioned emotional reactions. Journal of Experimental Psychology, 3, 1-14.

Watson, J.B. (1930) Behaviorism (Rev. Ed.), New York: Norton. ワトソン, J.B. 安田一郎訳 (1980)『行動主義の心理学』河出書房新社.

Weiss, J.M. (1972) Psychological factors in stress and disease. Scientific American, 226, 104-113.

White, R.W. (1959) Motivation reconsidered: The concept of competence. Psychological Review, 66(5), 297-333.

矢田部達郎 (1962)『心理学初歩』培風館.

Yamada, A., Uesaka, N., Hayano, Y., et al. (2010) Role of pre-and postsynaptic activity in thalamocortical axon branching. PNAS (Proc Natl Acad Sci USA), 107(16), 7562-7567.

山田冨美雄監修・編集 (1997)『医療行動科学のためのミニマム・サイコロジー』北大路書房.

Yerkes, R.M. & Dodson, J.D.（1908）The relation of strength of stimulus to rapidity of habit-formation. Journal of Comparative Neurology and Psychology, 18, 459-482.

吉田隆子（2012）「幼児の食行動に関する研究―子どもの視点から見た食事場面の意味」『日本食生活学会誌』22(4)，325-330.

依田 新（1968）『性格心理学』金子書房.

人　名　索　引

▶ア行

アイゼンク（Eysenck, H.J.）　169, 171

アゼリンスキー（Aserinsky, E.）　126

アダムス（Adams, D.B.）　109

アッシュ（Asch, S.E.）　159

アドルノ（Adorno, T.W.）　173

磯貝芳郎　79, 159

井上昌次郎　127

イマダ（Imada, H.）　73

今田　恵　20, 21, 29, 168

岩原信九郎　28, 108, 111

ヴァツーロ（Вацуро, Э.Г.）　136

ヴィゴツキー（Выготский, Л.С.）　27, 132, 148

ウィーゼル（Wiesel, T.N.）　51

ウェクスラー（Wechsler, D.）　152

ウェーバー（Weber, E.H.）　41, 42

ウェルトハイマー（Wertheimer, M.）　23

梅本堯夫　104

ヴント（Wundt, W.M.）　21, 22, 23, 152

エビングハウス（Ebbinghaus, H.）　19, 22, 59, 60

エリクソン（Erikson, E.H.）　144, 145

エンゲルス（Engels, F.）　14

大村　裕　96

大山　正　42, 104

オグデン（Ogden, C.K.）　130

オーメル（Ormel, J.）　169

オールポート（Allport, G.W.）　164, 167

▶カ行

カッツ（Katz, L.F.）　107

川崎勝義　31, 36, 67

菊池　聡　179

キムラ（Kimura, D.）　135

キャノン（Cannon, W.B）　92, 108, 120

ギルフォード（Guilford, J.P.）　137, 172

クーパー（Cooper, G.）　49

久保ゆかり　107

クライトマン（Kleitman, N.）　126

クレッチマー（Kretschmer, E.）　170, 171

グロス（Gross, C.G.）　66

ゲゼル（Gesell, A.）　143

ケーラー（Köhler, W.）　76

コーガン（Коган, А.Б.）　75, 175

児玉斉二　29

ゴノボリン（Гоноболин, Ф.Н.）　170

▶サ行

櫻井　武　125

サーニ（Saarni, C）　107

シェルドン（Sheldon, W.H.）　170

ジェームズ（James, W.）　107

ジェンキンス（Jenkins, J.G.）　69

シモン（Simon, T.H.）　152

シャクター（Schachter, S.）　106

スキナー（Skinner, B.F.）　79

スキャモン（Scammon, R.E.）　141, 142

鈴木宏哉　85

スピルバーガー（Spielberger, C.D.）　104

スペリー（Sperry, R.W.）　28, 134

スミス（Smith, J.）　144

セリエ（Selye, H.）　121

セリグマン（Seligman, M.E.P.）　104, 105

ソコロフ（Sokolov, E.N.）　52

ソーンダイク（Thorndike, E.L.）　73, 77, 182

▶タ行

ダーウィン（Darwin, C.）　25, 27, 46, 112

ダニーロワ（Данилова, Н.Н.）　102

田丸敏高　149

ダレンバッハ（Dallenbach, K.M.）　69

辻岡美延　172

都築　学　163

津本忠治　30

デイヴィス（Davis, M.H.）　102

ディーンス（Denes, P.B.）　131

デカルト（René Descartes）　16, 20

テッグツニアン（Teghtsoonian, R.）　42

ドゥリアン（Deliens, G.）　151

ドットソン（Dodson, J.D.）　121

トールマン（Tolman, E.C.）　25, 76

▶ナ行

ナイサー（Neisser, U.）　26, 58

中村和夫　149

中村　浩　46

夏目　誠　115

成田義弘　174

ニューカム（Newcomb, T.M.）　162

▶ハ行

ハイダー（Heider, F.）　161

ハヴィガースト（Havighurst, R.J.）　144

ハーシー（Hersey, P.）　157

橋本聡子　124

バッドレイ（Baddeley, A.D.）　63

パブロフ（Павлов, И.П.）　24

ハーベー（Harvey, W.）　15

ハル（Hull, C.L.）　77

ハーロー（Harlow, H.F.）　78, 91, 94, 142

バンデューラ（Bandura, A.）　81

ピアジェ（Piaget, J.）　27, 131, 148

ピアソン（Pearson, K.）　183

ビーチ（Beach, F.A.）　91

ビネー（Binet, A.）　152

日道敏之　102

ヒューベル（Hubel, D.H.）　51

平野晋吾　151

広重佳治　21, 126

ファンツ（Fantz, R.L.）　47, 48

フェスティンガー（Festinger, L.）　164

フェヒナー（Fechner, G.T.）　21, 42

福田幸男　31, 36, 67

フリードマン（Friedman, M.）　116

ブリス（Bliss, T.V.）　68

プリブラム（Pribram, K.H.）　80, 109, 165

古川　聡　31, 36, 67

ブルーナー（Bruner, J.S.）　54

ブルーム（Bloom, F.E.）　32, 34, 133

ブレイクモア（Blakemore, C.）　49, 51, 52

フロイデンベルガー（Freudenberger, H.）
　　　117

フロイト（Freud, S.）　24, 89, 117, 172

ブロッド（Brod, C.）　116

フロム（Fromm, E.）　173

ヘイブン（Haven, J.）　29

ヘイン（Hein, A.）　48, 49

ベーコン（Bacon, F.）　137

ヘス（Hess, E.H.）　71

ヘスラー（Hessler, D.M.）　107

人 名 索 引

ヘッブ（Hebb, D.O.）　38
ペーボ（Pääbo, S.）　12
ヘルド（Held, R.）　48, 49
ヘレン・ケラー（Keller, A.H.）　129
ヘロン（Heron, W.）　95
ペンニュー（Peigneux, P.）　151
ホームズ（Holmes, T.H.）　114
ボルベリ（Borbély, A.A.）　126
ホワイト（White, R.W.）　94
本間研一　124

▶マ行

マグーン（Magoun, H.W.）　125
マズロー（Maslow, A.H.）　90
松井　豊　179
マレー（Murray, H.）　88
三隅二不二　156
ミラー（Miller, G.A.）　80
ミルナー（Milner, B.）　68
モーガン（Morgan, C.L.）　25
モレノ（Moreno, J.L.）　160

▶ヤ行

ヤーキーズ（Yerkes, R.M.）　121
矢田部達郎　41
ヤマダ（Yamada, A.）　52
山田冨美雄　118
ユング（Jung, C.G.）　173
吉田隆子　96
依田　新　171, 172

▶ラ行

ラウテンバーグ（Routtenberg, A.）　111
ラザルス（Lazarus , R.S.）　114, 118
ラッシュレー（Lashley, K.S.）　37

リーヴィット（Leavitt, H.J.）　160
リッツォラティ（Rizzolatti, G.）　86
ルビンシュテイン（Рубинштейн, С.Л.）
　　20
ルリヤ（Лурия, A.P.）　83
レイ（Rahe, R.H.）　114
レビン（Lewin, K.）　155, 158
レモ（Lømo, T.）　68
ロック（Locke, J）　16, 20
ロールス（Rolls, E.T.）　66
ローレンツ（Lorenz, K.）　71

▶ワ行

ワイス（Weiss, J.M.）　119
渡辺弘純　163
ワトソン（Watson, J.B.）　23, 72, 74, 86
ワロン（Wallon, H.）　149

205

事 項 索 引

▶あ行

愛着（アタッチメント）　142, 146

アイデンティティ　27, 142, 145

アセチルコリン　58

アドレナリン　106, 120

アルゴリズム　137

安全の欲求　90

維持機能　156

1語文　147

一次視覚野　49

一次的欲求　87

一卵性双生児　143

遺伝　70, 141, 168

遺伝率　169

イドラ　138

意味記憶　60

意味の三角形　130

因子分析　171

インスピレーション　137

インプリンティング　71

ウェーバー比　42

ウェルニッケ領野　133

内田クレペリン検査　178

うつ状態　105

ヴントの実験心理学　21

エディプスコンプレックス　173

エピソード記憶　61, 64

F尺度　173

オッズ比　189

オペラント行動　78

おやなんだ反応　71

オレキシン　125

音声（の表情）　100

▶か行

回帰直線　183

外言　83, 132

外向性　173

カイ二乗　188

下位集団　160

回想記憶　60

外側溝　31

海馬シータリズム　102

外発的動機づけ　95

海馬の長期増強　68

回避学習　103

顔の表情　100

化学的伝達物質　33

拡散的思考　137

学習　72, 80

学習曲線　73

学習性無気力　105

学習の構え　78

学習の神経生理学的機序　85

覚醒水準　122

学童期　144, 145

隠れた情動　101

仮現運動　23, 45

賢いハンス　26

下垂体・副腎皮質系　121

葛藤　155

活動電位　33

206

事項索引

感覚記憶 63

間隔尺度 181

感覚遮断 95

感覚受容器 21, 40

感覚モダリティ 40

観察学習（モデリング） 81

感度 41

間脳 32

記憶 22, 54

記憶痕跡 60, 66

記憶と認知の神経生理学的機序 66

記憶の固定化 69

記憶の貯蔵庫モデル 62

利き手 130, 135

危急反応 120

気質 167

希望 163

帰無仮説 181

記銘 22, 60

急速眼球運動 126

強化 73, 76, 93

境界パーソナリティ 174

強化スケジュール 78

共感・共鳴 107

強迫パーソナリティ 174

恐怖 74, 102

共分散 183

虚偽 20, 101

局在論 37

具体的操作 148

グリア細胞 32, 34

グルコース 92

群化 44

形式的操作 148

KJ法 138

ゲシュタルト心理学 23

ゲシュタルト性質 23, 44

血液循環説 15

決定指数 185

ゲーム障害 128

権威主義的性格 173

研究倫理 29

限局性学習症 150

言語中枢 130, 133

言語的思考 136

言語の行動調整機能 83

言語領野 133

検定 181, 185

健忘 57

交感神経 35, 101

好奇心 93

攻撃行動 81

交叉（神経路の） 49

行動 70, 81

行動科学 72

行動主義心理学 23, 74, 86

後頭葉 31

合理化 89, 155, 164

呼吸数 101

個人 12, 154

個人差 167

コトバ（言語） 83, 129, 139

コトバの神経学的機序 133

コトバの発生 130

コトバの発達 147

子どもの権利条約 141

子どもの孤独 163

コミュニケーション 27, 130

コミュニケーション回路 160

コラム構造 51

孤立　160

コルチゾール　121

コンピテンス　94, 144

▶さ行

再学習法　60

最近接発達領域　148

再現（再生）　64

再生法　60

最適なストレス水準　121

再認法　60

細胞集成体　38

細胞体　32

サーカディアンリズム　124

作業記憶　61

作業検査法　178

錯視　44

三原色説　49

ジェスチャー　99

ジェンダー　91, 155

ジェンダー格差指数　166

自我　14, 24

視覚伝導路　49

自我同一性　27, 146

自我防衛　89

軸索　33

刺激閾　41

刺激頂　41

刺激の神経モデル　52

刺激−生体−反応モデル　75

刺激−反応モデル　73

自己愛パーソナリティ　174

試行錯誤型学習　73

思考の創造性　137

思考の発達段階　148

思考の方略　136

自己刺激　111

自己実現の欲求　91

自己中心的言語　131

視床　32

視床下部　32, 96, 120

視床下部・副腎髄質系　120

視床説（情動の）　108

視神経　49

システム論　37

視知覚の神経生理学的基礎　49

失語症　37, 133

質問紙法　176

シナプス　33

シナプス仮説　85

自閉スペクトラム症　150

視野　44, 49

社会心理学　26

社会的地位　165

社会的動機づけ　80

社会的欲求　87

若年性認知症　57

収束的思考　137

従属変数　25

集団　27, 154

集団の心理的構造　160

自由度　188

周辺人　145

主観的輪郭　44

樹状突起　33

主題統覚テスト　177

準拠集団　154

順序尺度　180

順応　43

浄化　100

事項索引

生涯発達　144

消去　74

状況対応理論　157

条件づけ　73, 74

条件反射　72, 74

条件反射学　24, 74

条件反射反応の一時結合　74

情動コンピテンス　107

情動ストレス　115

情動中枢　108

情動と感情　99

情動の機能　99

情動反応の条件づけ　74

情報ストレス　115

情報の抽出処理　26

初期経験　142

所属と愛の欲求　90

自律神経系　35, 101

視力　48

新奇刺激　52

神経化学説（情動の）　111

神経系の構成と機能　35

神経症　117

神経心理学　27

新行動主義心理学　25

心身症　24, 174

心身二元論　15, 19

人生の重大な出来事　113

心的外傷後ストレス障害（PTSD）　117

心的ストレス　115, 118

心拍数　101, 102

親密さ　162

信頼区間　190

人類の進化　12

随意運動　84

随意運動の神経生理学的機序　84

遂行機能　156

睡眠　32, 113, 122

睡眠段階　126

睡眠の神経生理学的機序　125

睡眠ポリグラフ　123

スキナー箱　78

スキーマ　55

スキャモンの身体の成長曲線　141

スクリプト　55

図地の分節と反転　44

ストレス　113

ストレッサー　113

ストレッサーの認知・評価　119

斉一性の圧力　159

成員の準備度　157

性格　167, 169

性格検査　175

生活機能　150

正規分布　181

成熟　141

精神医学的性格論　174

精神間機能　83, 132

成人期　145

精神性発汗　101

精神内機能　83, 132

精神分析学　24

精神分析的性格論　172

成長ホルモン　127

青年期　145

生物心理社会学的モデル　151

生物的欲求　87

性ホルモン　91

性役割　155

性欲と愛　91

209

生理心理学　27

生理的ストレス　120

生理的欲求　90

脊髄神経　35

摂食行動　87, 96

摂食行動の神経生理学的機序　96

セロトニン　111

前向性健忘　37, 67

選好注視　47

潜在学習　76

全身適応症候群　121

専制型リーダー　158

全体論　37

選択的注意　43

前頭葉　31, 133

前頭連合野　31, 66

躁うつ質　170

騒音　42

相関　183

双生児研究　168

相補性　162

側性化　134

測定　180

側頭葉　31, 66

ソシオグラム　160

尊敬・承認の欲求　90

▶た行

第一種の過誤　187

第一信号系　135

第一反抗期　144

体液説　169

体型論　170

代償機能　135

対処行動（コーピング）　118

対人関係の認知　161

態度の変容　163

体内時計（生物時計）　124

第二信号系　135

第二反抗期　146

大脳　30, 31

大脳半球の機能差と可塑性　134

大脳半球の構造　31

大脳皮質　31, 37

大脳辺縁系　31, 66, 97

代表値　181

タイプA行動パターン　119

タイポロジー　175

代理強化　81

対立仮説　181

多相性睡眠パターン　124

達成動機づけ　94

タブラ・ラーサ　16, 20

短期記憶　63

単相性睡眠パターン　124

知覚　40, 43, 54

知的障害　152

知能指数　152

チャンク　64, 65

注意　42, 52

注意欠如・多動症　150

注意の神経生理学的機序　52

中央値　182

仲介変数　25, 75

注視　46

中心溝　31

中枢神経系　36

中脳　30

長期記憶　64

超自我　24, 89

事 項 索 引

対による思考　149

定位探索行動　71

定位反射　52

ｔ検定　187

適応行動　25, 72

適刺激　40

テクノストレス　115

手続き記憶　60

手の獲得　72

伝達　33

伝導　33

展望記憶　62

同一性の拡散　146

動因　70, 77, 92

動因低減　77

投影法　177

動機づけ　77, 92

動機づけの神経生理学的機序　97

洞察　75

動作的思考　136

同調行動　159, 166

頭頂葉　31

特性論　171

独立変数　25

度数分析　188, 189

TOTE（Test-Operate-Test-Exit）　80

ドーパミン　111

▶な行

内観法　21, 24

内言　83, 131

内向性　172

内発的動機づけ　93

内部環境　17, 87

仲間意識　161

喃語　71, 147

二項分布　185

２語文　147

二次的欲求　88

日常の厄介ごと　113

乳児期　144, 145

ニューロン　32

２要因帰属モデル　106

認知　54

認知症　57

認知心理学　26

認知地図　76

認知的不協和　163

粘着性気質　170

脳幹　32

脳幹網様体　32

脳幹網様体賦活系　38, 97, 125

脳重量　30

脳神経　35

能動性と可塑性　48

脳波（アルファ波）　52

脳波の徐波化　126

ノルアドレナリン　111, 125

ノンレム睡眠　125

▶は行

場所細胞　68

パーソナリティ　167

発達　141

発達課題　144, 145

発達検査　149, 151

発達指数DQ　152

発達障害　149, 150

発達心理学　27

発達の危機　145

話し聞くコトバの連鎖　130

パニック障害　103, 111

パペッツ回路　66, 109

バランス理論　161

ハロー効果　158

範囲　182

反対色説　50

ピアソンの積率相関係数　183

ＰＭ理論　156

比較心理学　25

ヒスタミン　125

ひとりごと　131

非ホメオスタシス性動機づけ　92, 93

ヒューリスティック（発見法）　137

標準偏差　182

表情筋　100

不安　102

不安状態　104

不安特性　104

不安の認知モデル　104

フィードバック　70, 80

フェヒナーの法則　42

深い眠り　126

副交感神経　35, 101

副腎皮質刺激ホルモン　120, 121

不思議な数7　64

不眠（不眠症）　123

フラストレーション　89

フラッシュバルブ記憶　64

ブレインストーミング　138

ブローカ領野　133

プログラム学習　79

分散　182

分布　181

分離脳　134

平均（算術平均）　182

ヘップ則　38

辺縁系説（情動の）　109

扁桃体（扁桃核）　32

扁桃体説（情動の）　109

弁別閾　41

方位特異性　51

防衛機制　24, 155

忘却　59, 60, 64

忘却説　65

防御行動　87, 120

報酬　73, 93

放任型リーダー　158

母語　17, 71

保持　59

保持曲線（忘却曲線）　60

ホメオスタシス性動機づけ　92

本能行動　70

▶ま行

膜仮説（学習の）　86

末梢起源説（情動の）　107

末梢神経系　35

見かけの怒り　108

見通し　76

民主型リーダー　158

無意識　24, 89

無意識の偏見　138

無意味綴り　60

無条件刺激　24, 74

名義尺度　180

迷路学習　76

メタ記憶　64

メラトニン　124

網膜　49

事項索引

燃えつき症候群　116

モーガンの公準　25

モデリング　81

モード　182

模倣　82

問題解決　99, 136

問題箱　73

▶や行

ヤーキーズ・ドッドソンの法則　121

役割性格　155

野生児　153

矢田部ギルフォード性格検査（YG検査）　172,
　　176

有意水準　187, 189

誘因　70, 77, 93

夢見　89, 127

良い自己　174

幼児期　144, 145

欲求　70, 87

欲求の階層構造　90

▶ら行

羅列文　147

リズム障害　124

リーダーシップ　156

立体視　45

理念的欲求　87, 91

リハーサル　63, 64

リビドー　24, 89, 172

臨界期　70

臨界点　181, 187

類型　169

類似性　162

霊気説　16

レディネス　143

レム睡眠　125

連合野　31, 38

労働　13

老年期　145

ロールシャッハテスト　177

▶わ行

悪い自己　174

【著　者】

広重 佳治（ひろしげ よしはる）

1972 年 東京教育大学教育学部卒業

1980 年 東京教育大学大学院教育学研究科博士課程単位取得後退学

神戸親和女子大学文学部教授，鳥取大学教育学部教授，福山市立大学教育学部教授を経て

現在　福山市立大学名誉教授

博士（行動科学）筑波大学

【主な著書】

新生理心理学　2巻 ― 生理心理学の応用分野（共著）　北大路書房　1997 年

入眠状態に関する生理心理学的研究　風間書房　2006 年

小学生の生活とこころの発達（共著）　福村出版　2009 年

心理学入門 ― キーワードで読むこころのモデル　福村出版　2011 年

大学生活をゆたかにする心理学 ― 心の科学への招待（共著）　福村出版　2013 年

睡眠環境学入門（共著）　全日本病院出版会　2023 年

心理学入門——生物・個人・社会を融合するこころの科学

2025 年 3 月 31 日　初版第 1 刷発行

著　者　広重佳治
発行者　宮下基幸
発行所　福村出版株式会社
　　　　〒104-0045　東京都中央区築地 4-12-2
　　　　電話　03-6278-8508　FAX　03-6278-8323
　　　　https://www.fukumura.co.jp
本文組版　朝日メディアインターナショナル株式会社
印　刷　株式会社文化カラー印刷
製　本　協栄製本株式会社

©Yoshiharu Hiroshige　2025
Printed in Japan　ISBN978-4-571-20089-2　C3011

落丁・乱丁本はお取り替えいたします。
定価はカバーに表示してあります。

福村出版◆好評図書

広重佳治 著
心 理 学 入 門
●キーワードで読むこころのモデル

◎1,700円　　ISBN978-4-571-20077-9　C3011

現代心理学の代表的モデルをキーワードをもとに簡潔な記述と図で解説。巻末には復習問題60問と解答付き。

心理科学研究会 編
小学生の生活とこころの発達

◎2,300円　　ISBN978-4-571-23045-5　C3011

心理学的知見から，各学年の発達に関わる課題を読み解く。より深く子どもを理解したい教育関係者必読の書。

軽部幸浩 編著／長澤里絵・黒住享弘 著
こころの行動と発達・臨床心理学

◎2,300円　　ISBN978-4-571-23067-7　C3011

心理学の基礎を，初学者向け教科書として発達・対人関係・臨床心理・コミュニケーションを中心に概説。

藤田主一 編著
基本から学ぶ
発達と教育の心理学

◎2,600円　　ISBN978-4-571-22063-0　C3011

教職課程の基本テキスト『新 発達と教育の心理学』の全面改訂版。わかりやすい最新の内容で初学者に最適。

藤田主一 編著
新 こころへの挑戦
●心理学ゼミナール

◎2,200円　　ISBN978-4-571-20081-6　C3011

脳の心理学から基礎心理学，応用心理学まで幅広い分野からこころの仕組みに迫る心理学入門テキスト。

二宮克美・山本ちか・太幡直也・松岡弥玲・菅さやか・塚本早織 著
エッセンシャルズ 心理学〔第2版〕
●心理学的素養の学び

◎2,600円　　ISBN978-4-571-20086-1　C3011

豊富な図表，明解な解説，章末コラムで，楽しく読んで心理学の基礎を身につけられる初学者用テキスト改訂版。

加藤 司 著
正しく理解する教養としての心理学

◎2,200円　　ISBN978-4-571-20085-4　C3011

本来の心理学とは何かを追究し，学問として必要な心理学を「基礎」「応用」「本質」の三方向から平易に解説。

◎価格は本体価格です。